科学身材管理
男性力量训练全指南

宋祺鹏◎著

九州出版社
JIUZHOUPRESS

图书在版编目（CIP）数据

科学身材管理：男性力量训练全指南 / 宋祺鹏著
. -- 北京：九州出版社，2021.7
ISBN 978-7-5225-0263-2

Ⅰ. ①科… Ⅱ. ①宋… Ⅲ. ①男性－力量训练－指南
Ⅳ. ① G808.14-62

中国版本图书馆 CIP 数据核字（2021）第 130458 号

科学身材管理：男性力量训练全指南

作　　者　宋祺鹏　著
责任编辑　李　品
出版发行　九州出版社
地　　址　北京市西城区阜外大街甲 35 号（100037）
发行电话　（010）68992190/3/5/6
网　　址　www.jiuzhoupress.com
印　　刷　三河市德贤弘印务有限公司
开　　本　710 毫米 ×1000 毫米　16 开
印　　张　15.25
字　　数　201 千字
版　　次　2022 年 1 月第 1 版
印　　次　2022 年 1 月第 1 次印刷
书　　号　ISBN 978-7-5225-0263-2
定　　价　56.00 元

前言

身材健硕，肌肉强健有力，动静之间，彰显男性魅力。

男性身材健美，在于臂膀坚实，在于体格健壮，在于有阳刚之气，要呈现这样的效果，力量训练是关键。

跟随本书，聚焦力量训练，重塑你的力量魅力。

本书带你探秘肌肉工作的秘密，认识男性参与力量训练的重要性，让你更加坚定开展力量训练的决心。同时特别提醒你，力量训练切莫急于求成，要重视热身，要运动有度，更要科学训练。

本书更为你呈现丰富全面的力量训练内容与方法。无论你是想要强健四肢、增强爆发力，还是塑造胸肌、健美身体线条，抑或是参与器械训练，为身体力量训练加码，或是学练搏击项目，让力量训练更加系统、丰富，都能从本书中获得借鉴，结合自身实际情况，完善自己的力量训练方法。

本书还特别关注男性力量训练计划与安全，精心提供力量训练损伤防护措施与特殊人群的力量训练应对策略，满足你多样化的力量训练需求，为你的力量训练保驾护航。本书还特别设置“各抒己见”“温馨提示”版块，丰富你的力量训练过程。

从入门到精通，从新手到高手，携手本书步步为营，成就力量王者。

本书语言科学严谨而不失生动活泼，内容系统而又深入浅出，图文并茂，指导性强，可作为你参与力量训练的贴心教练与助手。

增强力量，提升魅力，快来开启你的力量训练之旅吧。阅读本书，相信你定能身心受益。

目 录

第一章
认识力量，力量训练的良好开端

第二章
有备无患，力量训练前需要知道的事

第三章

步步为营，成就力量王者

第四章

局部重塑，展现男性魅力

第五章

巧借器械，为力量加码

第六章

精选项目，让力量训练更有趣

第七章

计划与安全，力量训练也能私人定制

第一章

认识力量，力量训练的良好开端

身体素质中，力量素质最为基础。

男性增强力量素质，不仅能强身健体，更能增强男性魅力。

想要变得更加强壮，就必须了解和熟悉力量，这样才能更科学、更有针对性地进行力量训练。

认识力量，增强力量，力量训练由此开始。

什么是力量

各抒己见

“力量”是一个具有丰富含义的词语，以下几种说法在日常生活中经常听到：“团结就是力量”“知识就是力量”“群众的力量”“肌肉力量”。你知道这几种“力量”有什么不同吗?

日常所说的“力气”和“力量”是一个意思吗?

认识力量素质

力量，有社会学和运动生理学等不同层面的含义。本书所说的“力量”是指运动生理学意义上的力量，即力量素质。

一个人的力气大，通常是指一个人的力量素质好。

力量素质是人体的基本素质，它是人体肌肉在收缩和舒张时克服阻力的能力。

跑的力量

克服重力、空气阻力

摆臂、抬腿的力量

克服重力、肌肉阻力

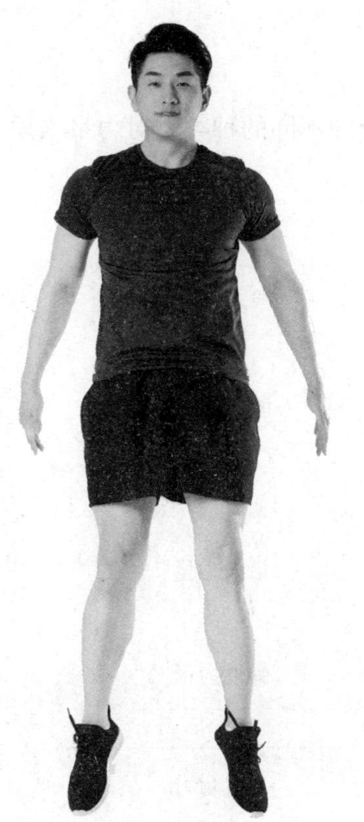

跳的力量

克服重力、空气阻力

蹲的力量

克服空气、肌肉阻力

身体的一举一动都需要力量

力量素质的分类

根据不同的依据，可以将力量素质分为不同的种类。对力量素质进行分类，有助于我们更深入地了解力量素质。

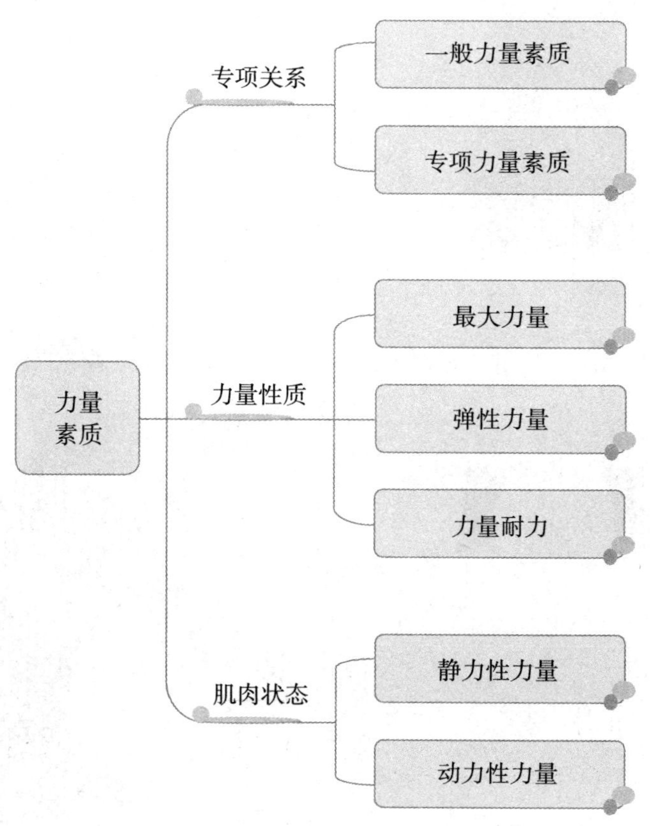

力量素质的不同分类

在力量素质的分类中，不同的力量表现形式不同，适用的运动情况、运动人群与项目也各不相同。

一般力量素质，作为体能基础，是每一个人都应该重视和提高的力量素质，加强一般力量素质训练十分必要。

专项力量素质是某些具体的运动项目要求运动者必须具备的力量素质。通常，参与业余运动比赛的运动爱好者和专业运动员，都比较重视专项力量素质的发展。

最大力量是肌肉在最大限度收缩时克服阻力的力，如提拉重物时肌肉发挥的最大力量。

弹性力量也被称作“爆发力”，如跑步时蹬地起跑的力量。

力量耐力是身体在长时间运动时肌肉对抗疲劳的力量，如骑自行车时，腿部不停蹬转所需要的力量。

静力性力量是肌肉等长收缩时的力量，此时身体姿态是固定的。

动力性力量是肌肉在动态收缩时的力量，此时身体处于变化中。

力量素质的分类是多种多样的，根据不同身体部位产生的力量，还可以将力量素质分为局部力量（如手臂力量、腿部力量、躯干力量）和全身力量等。

温馨提示

可以量化的肌肉力量

怎么能知道自己的力量是大还是小呢？力量素质可以通过科学的方法进行测评。

例如，要想知道自己肌肉的最大力量、弹性力量和力量耐力，可以通过让肌肉参与不同的活动方式来测试肌肉产生的力量大小（表 1-1 内部分内容参考自《现代体能训练方法》，张英波著，2006 年）。

表 1-1　力量测评

力量特征	静力性测试	动力性测试
最大力量	动力计	拉、举起的最大负荷
	张力计	杠铃负重深蹲
弹性力量	—	跳远、垂直上（下）跳等
力量耐力	保持某姿势的时间	固定时间内重复某动作的最多次数

探秘肌肉工作的秘密

肌肉组织

肌肉组织，由肌纤维（也称肌细胞）组成，肌纤维具有收缩和舒张的能力，这两种能力让肌肉能产生力量。

根据肌纤维的分布、功能等，可将肌肉组织分为骨骼肌、平滑肌和心肌组织（心肌）。

◆ 骨骼肌

骨骼肌又称横纹肌，一般附着于骨骼上，呈长圆柱状。

◆ 心肌

心肌由短柱状的心肌纤维构成，心脏肌肉的收缩和舒张用力让心脏成为为全身输送血氧的“压力泵”。

拥有一颗强壮而有力的心脏是一个人健康的重要标志。

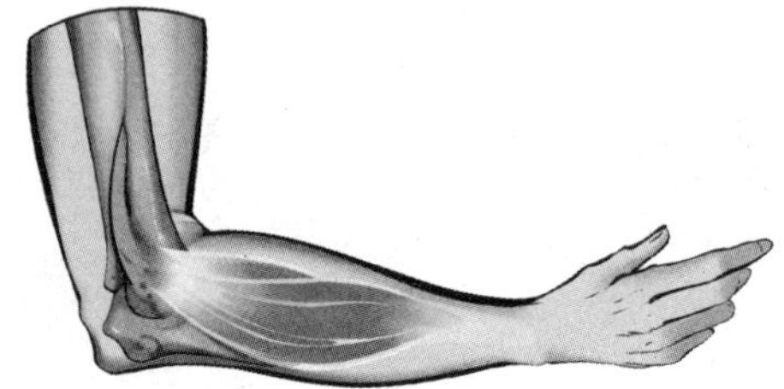

骨骼肌

附着在骨骼上的长条形肌肉

心肌

收缩与舒张“泵”出血氧

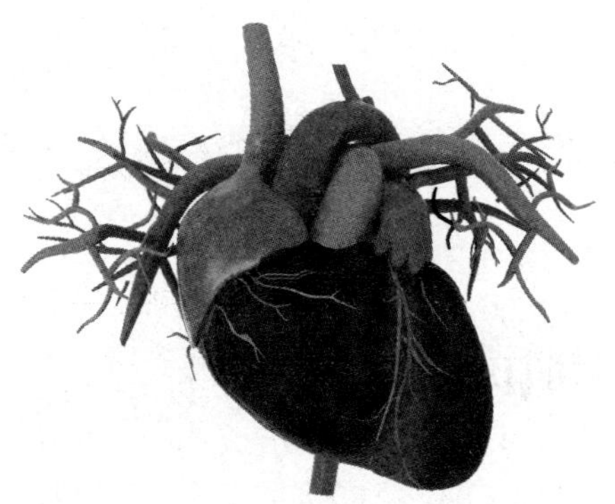

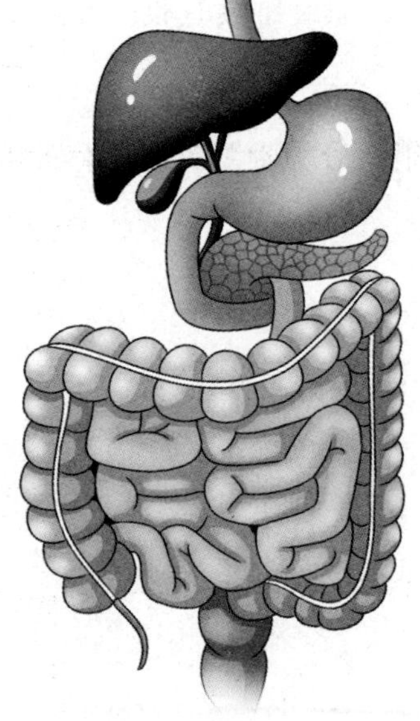

平滑肌

血管壁、肠道、脏器的肌肉

肌肉的不同类型

◆ 平滑肌

平滑肌又称内脏肌，多分布在血管壁和内脏器官，它收缩缓慢但持久。比如，肠胃的长时间蠕动有助于消化和吸收食物。

我们的身体在完成各种内部动作、外部动作时，如呼吸、胃肠蠕动、走、跑、跳、排泄等，都离不开肌肉力量。

肌肉活动的特点

肌肉力量的表现形式多样，不同的运动项目对力量素质的要求不同。

当我们在从事不同的运动时，肌肉在参与运动的过程中所表现出来的活动特点也不同。

下面来看身体在参与运动时肌肉的不同活动特点。

周期性与非周期性肌肉活动

震荡性活动
臂的投掷

爆发性肌肉活动
腿的跳跃

震荡性、爆发性肌肉活动特点

肌肉产生力量的“工作”过程

我们身体各部位都分布着肌肉，不同形态与结构的肌肉通过收缩、舒张来帮助我们的身体完成各种动作。

平衡杠杆运动：支点在重点和力点之间

省力杠杆运动：重点位于支点和力点之间

速度杠杆运动：力点位于重点和支点之间

肌肉的运动方式

肌肉与关节巧妙地进行合作，通过内在肌肉纤维的收缩、舒张，使身体完成具体的动作。

平衡杠杆运动
如仰头和低头时，寰枕关节与颈前、颈后的肌肉屈伸运动发力

省力杠杆运动

走、跑、跳时抬足跟时脚掌、脚踝小腿肌肉的发力

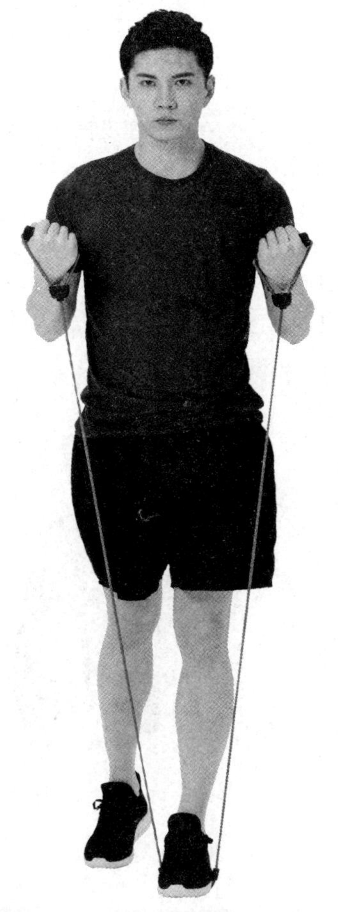

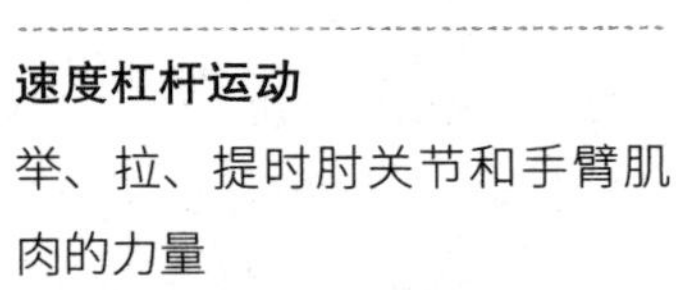

速度杠杆运动

举、拉、提时肘关节和手臂肌肉的力量

肌肉工作产生力量的外部表现

在我们的人体内部，肌肉的收缩和舒张运动都是通过中枢神经系统“发号施令”完成的。

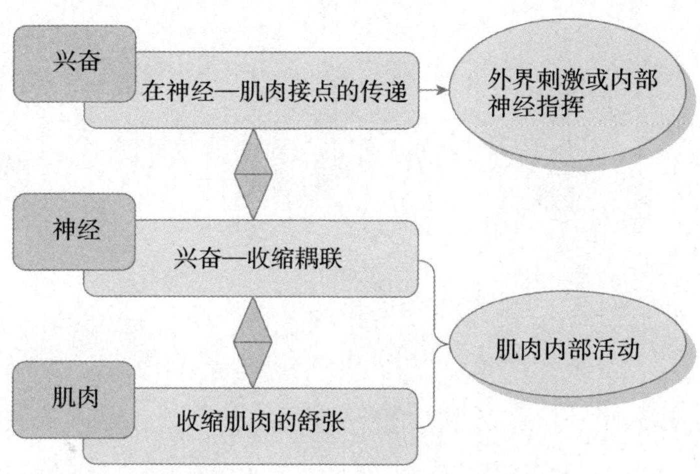

肌肉工作产生力量的内在过程

肌肉与肌肉力量

肌肉力量的表现有很多形式，如静力性力量、动力性力量、最大力量、弹性力量、力量耐力等。前文已经在对力量素质的分类中进行了说明，这里不再赘述。

肌肉的形态与结构不同，力量大小也不同。

长期科学参与体能训练能有效改变肌肉的形态与结构，进而使肌肉力量增大。

例如，与不经常参与运动锻炼的人相比，经常参加运动锻炼的人，心脏更加强健，心率（一分钟的心跳次数）更低。这是因为在运动锻炼时，身体需要更多的血氧，长期科学锻炼可令心肌强健有力，心脏体积增大，心肌坚实发达，心脏每次泵出的血氧更充足。

再如，一个人经常提拉重物，那么他的手臂肌肉就会坚实而有力量。每一次提拉重物都需要肌肉积极活动，长期如此可改变肌肉的形态，令肌肉坚实有型。

如果你想增强自己的力量，可以结合自身需求有计划地参与力量训练，这样可以提升局部力量，也有助于增强全身力量。

有针对性的力量训练

如果缺少力量，人体会怎样

各抒己见

我们的一举一动都需要依赖肌肉发力，如果缺少了肌肉力量，哪怕只是很微小的动作，完成起来都会很吃力。

“手无缚鸡之力”常常用来形容一个人的力量非常小，试想一下，一个人如果失去手臂力量会怎样？一个人如果失去腿部力量，将会面临着怎样的处境？

力量是最基础的体能素质，提、拉、推、举、拿、走、跑……无一不需要力量。

如果缺少了力量素质，那么人体就无法完成最基本的身体活动，甚至面临生活不能自理的困境。

力量如此重要，又怎能不重视它呢？

需要特别提醒你的是，力量训练的方法有很多，应结合自己的身体基础状况、身体需求、可承受范围开展科学训练，别人的方法并不一定适用于你。

此外，还必须认识到，人体不能缺少力量，但训练中也并非要求你一味地追求力量的不断增大，力量训练要因人而异、循序渐进、科学负荷，避免盲目追求“突破自我力量局限”而引发运动损伤。

第二章

有备无患，力量训练前需要知道的事

当你下决心通过参与力量训练来管理自己的身材时，应认真对待力量训练的每一个细节，不给自己留下任何遗憾。

力量训练之前，别因为一时心急而忽略了“预热”的环节，要知晓一切有关力量训练的事。

准备工作做得好坏直接影响着你的力量训练是否有效。

你只有在训练前足够了解力量，才能自信满满地开展力量训练，也才能从容不迫地应对力量训练过程中可能发生的各种情况。

训练热身不重要？这样想可就错了

各抒己见

你了解运动前的热身吗？你知道它的重要性主要体现在哪些方面吗？

每次运动前，我们都必须要先跑一跑、跳一跳，让身体活跃起来，做好运动锻炼的准备。运动前的热身，就如同新车上路前的试驾，都需要从静止状态过渡到运动状态，需要经过一个磨合的过程，这样才会降低身体（新车）出现不适应症状的几率，才能确保运动训练（旅程）顺畅。那么，在身体正式参与力量训练之前，热身活动具体应该怎么做呢？

什么是热身

真正拉开训练“序幕”的就是“热身”。热身可以让你的身体从“冷”的状态逐渐过渡到“热”的状态，让你身体的运动系统及器官迅速唤回“运动的记忆”。

热身，相当于运动的准备活动，就是在运动前完成的短时间、低强度的动作。

在做任何运动之前都要进行热身。

跑步热身，让你的步履更加轻盈

游泳热身，让你身姿活跃，避免抽筋

骑行热身，能让你尽快进入骑行状态并保持良好的速度

在做任何运动之前都要进行热身运动

热身对力量训练的好处

不少男性在力量训练初期因为对热身这一活动缺乏了解，或者因为对热身的概念理解得不够清晰，索性一上来就开始举杠铃，一会儿硬拉，一会儿卧推，一会儿又俯身划船，举得不亦乐乎，殊不知自己忘了一个极其关键的步骤——热身。

通常，在没有热身的情况下进行各种训练，你练着练着可能就会感觉上气不接下气，体力严重不支，或者感觉手臂的肌肉疼痛难忍，肌肉如同被利器撕开一样。

这里就为你解释一下出现以上症状的原因：在正式开启力量训练之前，

你的身体还处在一个比较平稳的状态，身体还没有做好被施加大量压力的准备。

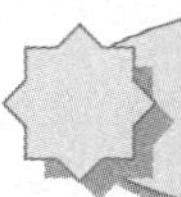

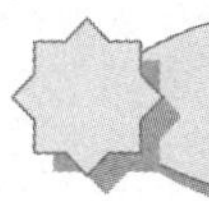

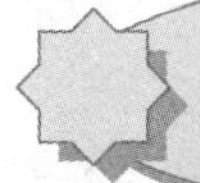

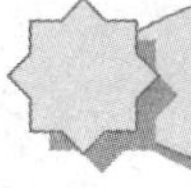

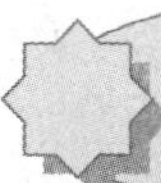

热身对力量训练的好处

因此，在力量训练之前，你必须让你的肌肉、关节、骨骼都动起来，血液流动起来，你的大脑也要准备就绪。

如果你还对力量训练前的热身持怀疑态度，那么不妨再来进一步了解一下运动前热身究竟有哪些好处。

教你几个热身的动作

充分的热身可以让你提早进入力量训练的状态，让你体会身体的本能，使你享受训练带来的快乐。

虽然热身运动相较于力量训练本身而言稍显乏味，但是如果认真感受、体验，你会发现它的神奇，它可以让你体温升高，让你流汗，让你的肌肉充满韧性，让你的躯体变得协调。

◆ 基础热身动作

以下为你展示几个简单、轻松的热身动作。

原地跑跳、摆臂，活动四肢

绕腕、绕踝，活动关节

手臂与肩部热身

腿部热身

◆ 经典热身动作

蹲起

蹲起练习，能让你的身体重心有高低起伏的变化，在身体重心的高低起伏变化过程中，让身体适应运动中的空间变化。

这里所说的蹲起与深蹲不同，深蹲是专门针对大腿肌肉、臀部肌肉和腰部肌肉的锻炼动作，对蹲的动作姿势、动作幅度要求严格。蹲起，只要身体稍微下蹲降低重心即可。

蹲起

转体

这里以弓箭步转体为例。弓箭步转体，顾名思义，就是在保持弓箭步的基础上完成上半身的转体动作。

弓箭步的动作可以让你的股四头肌、臀部和臀大肌充分地动起来；扭腰的动作能让你的侧腹肌动起来。

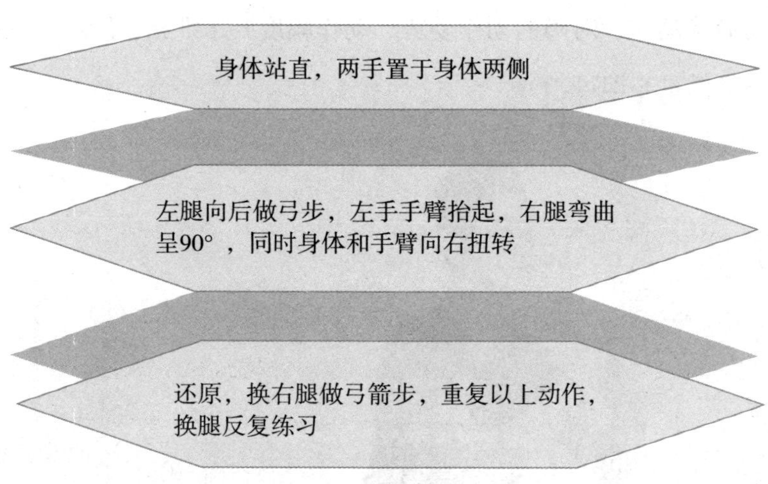

反向弓箭步转体的动作方法

屈体、展体

屈体时不要求挑战最大动作幅度，展体时不要求各部位肌肉过度紧绷，只要让身体各部位的肌肉稍微有拉伸感即可。

展体与屈体

跳爆竹

跳爆竹，当然不是真的让你在爆竹上面跳，它是一种跳跃动作。

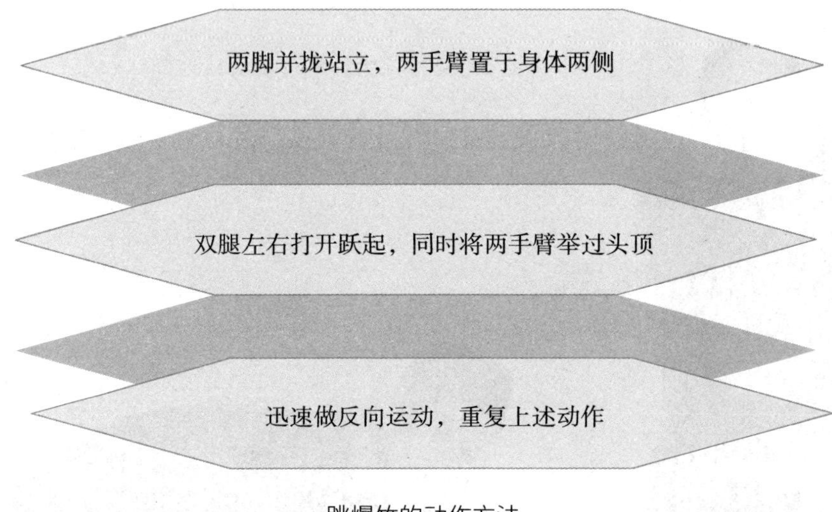

跳爆竹的动作方法

之所以推荐你做跳爆竹动作，是因为它可以让你的全身都动起来，尤其会唤醒你的腓肠肌、髋外展肌、髋内收肌、肩部肌肉等。此外，跳爆竹可以加速心血管系统的运转。一旦将身体中这些肌肉及系统的启动按钮打开，你就可以自然地过渡到力量训练中。

温馨提示

运动前的热身和运动后的拉伸，谁更重要

很多人都知道运动之前要做热身，却忽视了运动后的拉伸。其实，不管是热身还是拉伸，对于力量训练本身而言都是非常必要的。通过对运动前的热身与运动后的拉伸进行对比，我们就能发现二者的区别，从

而得出二者没有孰重孰轻、同等重要的结论。

表 2-1　运动前的热身与运动后的拉伸比较

形式 区别	运动前的热身	运动后的拉伸
目的不同	在训练前进行，为即将进行的训练做好肌肉上的准备	在运动后进行，放松刚刚经过高强度训练的紧绷的肌肉
状态不同	使肌肉短暂地达到拉伸极点，无须刻意保持极点动作，直接快速调整方向完成接下来的动作即可	尽可能使肌肉拉伸到极点，要保持此动作不动，并且要能坚持 15 秒以上
作用不同	让肌肉得到缓冲和放松，增加血流量，启动神经肌肉的通道	拉长肌肉与跟腱

可见，热身与拉伸是训练之前与训练之后两个不同阶段开展的需要完成不同动作的、有着不同作用的运动，二者并不是矛盾关系。实际上，科学的力量训练应该是以热身为起点，以拉伸为终点的，二者的地位是同等重要的。因此，我们不应拿这两项活动做比较，它们都是力量训练的重要组成部分，是与力量训练不可分割的整体。

如何把握力量训练的度和量

各抒己见

适可而止既是一种境界，又是一种智慧。做任何事都应该控制好度，把握好量，力量训练也是如此。

在力量训练中，你会不会因为过于迫切而早已将度和量抛在了脑后？你觉得度和量的把控对力量训练有没有一定影响？你认为度和量应该如何把握，才能让力量训练更有成效？

什么是度和量

如果单纯地解释什么是度，你可能会首先联想到“计量长短”“硬度”“热度”“电量度数”等；同样，如果让你直接说说什么是量，你或许会立马想到“数量”“估量”等。

度和量放在力量训练领域中，就是强度和量。如果将度和量合并为一个概念置于运动领域中，就是“运动量”，也叫“运动负荷”。运动负荷是指以身体训练为基本手段，对人体有机体施加的训练刺激。组成运动负荷的因素有两个：负荷强度和负荷量。

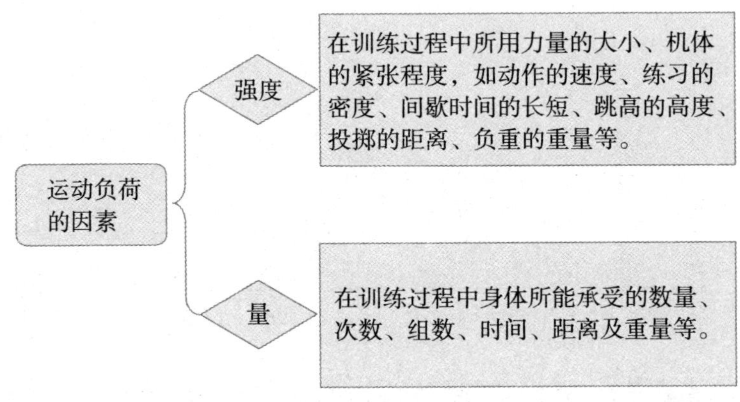

运动负荷中的强度和量

要知道把握好度和量的意义

在力量训练中，对度和量的把握直接影响着运动负荷的效果。因此，当你在进行力量训练之前，就应该根据自身情况合理地安排运动负荷，将其融入你的训练计划中。

在系统的力量训练之前，你必须充分认识到力量训练的度和量的重要性。

- 力量训练首先会使身体部分肌肉疲劳，而把握好度和量，就能让你的身体避免过早产生疲劳。
- 度和量把握得好，可以延缓疲劳的提前发生，并能提高身体对疲劳的

耐受程度。

- 合理地安排运动负荷，不仅能获得很好的训练效果，而且能得到适时的休息。

反过来，在力量训练中没能把握好运动负荷，将会带来反向的结果。运动负荷长时间过大或过小，或运动训练时间太短，都不利于力量训练取得好的效果。

- 长时间保持过大的运动负荷会超出你所能承受的限度，不利于身心的发展，也不利于训练目的的达成。
- 长时间保持过小的运动负荷，因为度和量都不够，轻而易举就完成了，显然无法达到锻炼目的。
- 训练时间太短，身体肌肉没有得到充分的动员，不会有显著和良好的运动效果。

把握好运动度和量的做法

要想合理控制力量训练中的负荷强度和负荷量，你要学会根据自身情况把握度和量，并且要循序渐进地增加度和量，在适当的时机尝试超负荷训练。

因为你在力量训练的过程中生理、心理都会发生变化，另外运动的度和量等负荷因素都会对你的力量训练产生影响，所以在制订力量训练计划时，就应该考虑到这些因素，并要根据力量训练时自己的身体机能与心理特点，制订出符合自身情况的训练计划。

假如你之前坚持过几个月的力量训练，身型比较魁梧，但因为近期疏于锻炼而身体发福较为严重，稍微运动几下就满头大汗。针对这种情况，你可以在开始选择举杠铃进行负重训练时做几次休息几分钟，若觉得身体还可以承受，可以试着加大重量，或者延长负重时间。

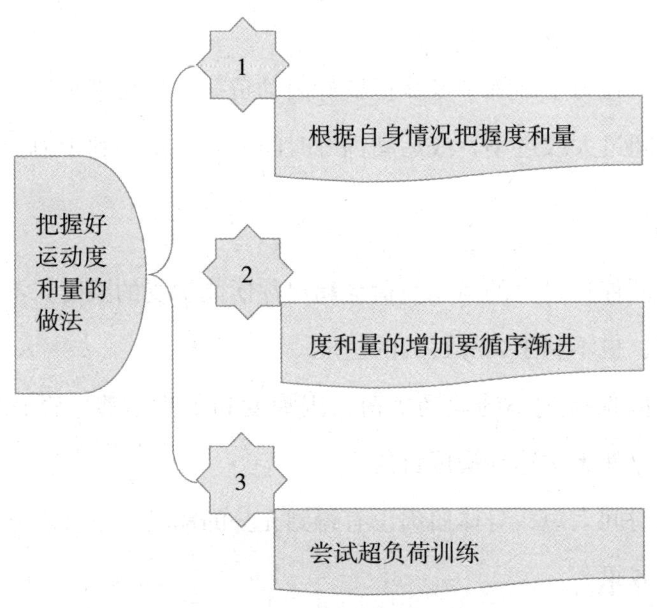

把握好运动度和量的做法

在真正进行力量训练时，对于运动度和量的把握切不可急于求成，要遵循循序渐进的原则。

但是，当你的力量增长了之后，之前的度和量对你而言就属于负荷过小，不利于力量的增强，所以你应该始终保持力量训练是大负荷的。也就是说，在力量训练时，你要保持较大的强度和总量，这样才能让你的肌肉得到最大收缩，产生一系列的生理适应性变化，最终才能增加肌肉力量。当然，即便要保持大负荷的训练度和量，也应该遵循循序渐进原则。

当力量素质达到较高水平之后，你应该就成了资深的运动者了。如果你想继续提升在力量方面的成绩，不如尝试一下超负荷训练。要特别注意的是，在选择超负荷训练之前一定要经过深思熟虑和综合考量后再下

决定。否则，很容易沦为过度训练，造成不好的后果。因为超负荷训练是一种让肌肉完成超出平时负荷的训练方式，所以它对很多人来说一定是有难度的。

逐渐增加难度

另外，超负荷训练可以促使肌肉成分尤其是肌蛋白的分解。因此，要有目的、有计划地安排超负荷力量训练，以引起超量恢复，达到迅速提升力量素质的目的。

通常，一次超负荷训练最多可以持续1～3周。假如你想提高骨骼肌的力量，就可以增加运动的强度，如增加重量以达到超负荷训练的目的。

温馨提示

运动负荷中度与量的关系

力量训练中的任何一个负荷，均包含负荷的度与量两个方面。也可以说，运动负荷中的度与量是一种组合关系。那么，度与量的组合关系是如何体现的呢？

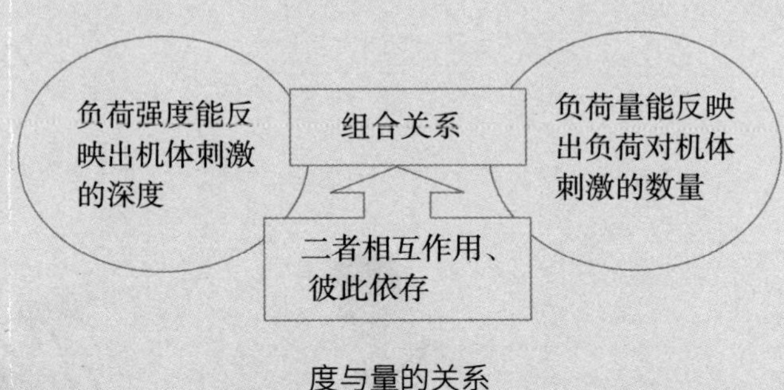

度与量的关系

只注重强度却不关心量的力量训练，或者只强调量而不在意强度的力量训练，均称不上真正意义上的力量训练，也无法获得理想的训练效果。只有将负荷强度与负荷量合理组合，才能获得极佳的训练成效。

训练动作、频率有讲究

各抒己见

在力量训练中经常有人因为动作不标准、频率不正确而长时间不见成效。当专业人士指出并纠正他们的错误后，他们才恍然大悟，才意识到自己越练越颓废原来是因为自己忽视了训练时的动作和频率。不依照科学的动作、频率进行力量训练，很可能会以训练失败而告终。那么，你知道为什么在训练中要讲究动作和频率吗？对于力量训练而言，怎样的动作和频率安排是科学的？

训练的动作要标准

在运动训练中，跑步有跑步的动作，体操有体操的动作，篮球有篮球的动作，同样，力量训练也有属于自己的动作。在完成各种运动的过程中，你要通过各种动作达到某些目的，这与你了解的动作的多少没有太大关系，但与你是否熟悉这些动作的要领，能否做出标准的动作有很大关系。所以，在进行力量训练时，你不要将更多的精力放在如何尽可能多地、快速地完成某些动作上，而是要懂得如何将动作完成得更准确、更到位。

少而精才是掌握技艺的秘诀。况且每个人的精力都是有限的，如果将时间多花在经历、体验上，而忽视了每一个细节的把握，那么就真的是“丢了西瓜拣芝麻”，因小失大，得不偿失。

与力量训练有关的动作不胜枚举，如果你只是想专注于某几项训练也无须熟悉全部动作。

认真诠释每一个动作

可能你觉得，只要听过或者做过某一个动作，只要大致模仿一下，只要样子差不多就可以了，其实并非如此，力量动作训练可不是动作相似就行，而是必须要做到动作标准。很多时候，你可能仅因为一个力度不够、摆的位置稍微倾斜或者忘记控制呼吸，而使得你完成的整个动作是无效的。

动作是否规范、到位直接决定着该动作是否对你的力量训练有效，甚至是否对你的身心带来不良影响。因此，千万不要图省事，要掌握每一个动作的要领，大到手、脚、腿等肢体上的姿势、位置，小到呼吸的位置、深浅，以及动作停留的时间。

这里就以常见的平板支撑动作为例，说说在诠释这个动作时需要注意什么。

平板支撑的动作与俯卧撑有些类似，但它不用将身体撑起和落下，主要

是使身体保持俯卧的姿势，并且身体在一条水平线上保持平衡。

平板支撑的动作要点

进行力量训练时，一般每次完成四组平板支撑训练，每组应保持 60 秒，间歇时间控制在 20 秒以内。

训练的频率要科学

◆ 什么是频率

在运动领域中，频率是指在单位时间内运动动作重复的次数，也叫“速率”。更通俗地解释，就是一段时间内要做几次某个特定的动作。例如，某个动作你可以一天一次都不做，也可以一天做六次。

但是，人不同于机器，人体不能无限期地一直连续参与运动训练，人体在运动训练一段时间后需要休息，如果频率过高，身体肯定承受不住；同样，人的潜力也是可以不断挖掘的，如果不迈出这一步，你可能进步得就比较缓慢。科学地控制训练频率是每个即将进行力量训练的人都应该弄懂的一门学问。

◆ 力量训练频率的有效控制

训练的频率可以反映出运动的时间特征，也可以表现出运动的时间过程。在一些带有周期性的训练项目中，频率往往会决定你身体的移动速度。也就是说，当你的动作频率越大，你身体移动的速度就会越快。因此，在力量训练中，当你在单位时间内加快某个动作的运动频率就会提高你的运动速度。

另外，因为运动频率与运动强度有关，所以如果你想对当前的运动负荷做一些调整，可以考虑运动频率这一因素。如果你想加大你的力量训练强度，就可以提高在规定时间段中运动的频率；同样，如果你觉得当前的力量训练已经让你“吃不消”，那么可以适时地调整训练频率，降低训练强度。

力量训练的频率主要涉及三个数据：每周训练的次数、每次训练的组数以及每组训练的重复次数。这里就以一个刚刚接触力量训练的运动新手为例，说说应该如何控制力量训练的频率。

新手力量训练的频率控制

温馨提示

力量训练中的三个重要变量——度、量、频率

力量训练中有三个重要变量，分别为度、量和频率。三个变量之间是彼此冲突的关系。

如果经过训练你拥有了良好的肌肉线条，那么说明你具备了基础力量和力量耐力，也就意味着你达到了一定的运动强度和运动量。

另外，因为肌肉在力量训练过程中会出现一些微创且需要一定时间才能恢复，所以就涉及了训练的频率。

显然，三者是相互联系的，但同时也是彼此冲突的。如果你试图增加三个变量中的任何一个值，都需要或必然减少其他两个值。例如，如果你想增加举重的重量，那么就要减少举重训练的次数，同时要留出更多时间来恢复肌肉，缩减训练的天数。

不可不知的力量训练禁忌

各抒己见

在现实生活中，总有一些年轻男性对于力量素质的提升十分执着。他们的力量训练目标极其明确，力图在几个月的时间里使身体某部位的肌肉达到极好的状态，或增强臂力，或锻炼腹部及臀部肌肉。虽然他们的训练计划制订得相当详细，也始终履行着，但是到训练期限时发现实际效果并没有预想的那样好。这很可能是因为他们在训练中触犯了某些运动禁忌。你知道力量训练都有哪些禁忌吗？

了解力量训练的禁忌非常重要

不同国家、不同民族、不同领域、不同个体，因为各自发展的不同特点形成了不同的禁忌。同样，运动领域中的力量训练也有自己的诸多禁忌。如果无视力量训练中的那些禁忌，那么很容易给身体带来损伤，而且可能会使你一直以来的坚持失去意义。

了解力量训练的禁忌是非常有必要的。

- 让你成功避开力量训练中的“雷区”，少走训练上的“弯路”。
- 让你自信满满地迎接每一个更高难度的训练，勇往直前。
- 让你的身心保持健康的状态。
- 让你更好地配合其他素质的训练，从而提高整体的身体素质。
- 让你顺利地完成设定的训练目标。

力量训练中的主要禁忌

力量训练中的禁忌繁多，这里就为你展示一些最不应该触犯的禁忌。当你在参与力量训练时，以下几方面要特别注意。

- 不要在训练过程中摄入食物（边吃边运动）。在进行力量训练时，体内血液会在全身流动，此时吃东西会给胃部造成负担。
- 不可忽视训练之前的热身。在力量训练中极易发生关节的损伤，所以充分的热身非常关键。
- 训练节奏宜慢不宜快，特别是在完成用力的动作时，更要放缓速度。对新手来说，力量训练以自己最舒服的节奏为宜。
- 训练初期，不要急于求成，要循序渐进，过分追求度、量、频率的训练很容易造成损伤，新手应先从简单的训练开始。
- 分阶段、分步骤地训练不同身体部位的肌肉，才能更好地增强肌肉力量，拥有匀称的身材。

- 不可忽视运动训练后的肌肉按摩与拉伸。力量训练中，身体消耗大量氧气，并且血流速度极快，所以训练后做一些有氧运动能有效缓解肌肉疲劳，为肌肉输送一些氧气。
- 训练后不要马上冲凉水澡，否则容易引起体温调节及其他生理功能的紊乱，并可能引发感冒、发烧等疾病。可温水（30℃）淋浴。
- 训练后不要吃不易消化的食物。高强度力量训练后，应避免吃如牛肉、羊肉等难消化的肉类，可适当食用鸡肉、蔬菜、牛奶等饮食。

温馨提示

什么时候喝水？怎么喝？

力量训练会消耗人体大量的水分，如果不及时补水，身体很容易因脱水而引发各种不适，如口渴、心率加速、体温升高、疲劳加重等。但开展力量训练，喝水是非常有讲究的。

表 2–2　力量训练的补水方法

	补水时间及补水量	水的种类
运动前	正式训练前的 20～30 分钟，适量	含有天然矿物元素、适合长期饮用的饮用水
运动中	每隔 10 分钟饮用 20～30 毫升的水	含有天然矿物元素、适合长期饮用的饮用水
运动后	休息 10 分钟后补水，补水量大概是排汗量的 1.5 倍	训练时间不超过 40 分钟，可饮用含有天然矿物元素的饮用水；训练超过 1 小时，可以补充富含钠、钾、钙和糖分的运动饮料

第三章

步步为营，成就力量王者

将每一次训练当成一次闯关，力量就能在层层闯关的训练过程中不断得到提升，当最后的关卡也顺利通过后，你就成了真正的力量王者。

发达的上下肢、强劲的爆发力是最能显现你是否强健的因素，它们也是需要经过不懈的努力才能获得的。要想成为一名力量王者，就要锻造身体各部位的力量。

每一个力量王者都经历过上肢、下肢力量及爆发力的训练，接下来一起来了解一下如何在不使用器械的情况下进行上下肢力量、爆发力的训练。

上肢力量训练

各抒己见

当一位穿着紧身背心且肱二头肌非常发达的男性走在街上或健身房内，一定会引来很多人的目光。由于上肢处于视觉交流的优势空间范围内，上肢力量强大的人更容易被人们关注到。

力量强大者，能给人带来安全感，这正是力量赋予运动者的人格魅力。上肢力量具体体现在哪些方面？要想增强上肢力量，具体应该怎么做呢？

了解上肢力量

上肢是人体很重要的一个组成部分，设想一下如果没有上肢，你的生活会是什么样子，肯定有诸多不便。

人类的上肢与下肢相比，往往具有以下这些特点。

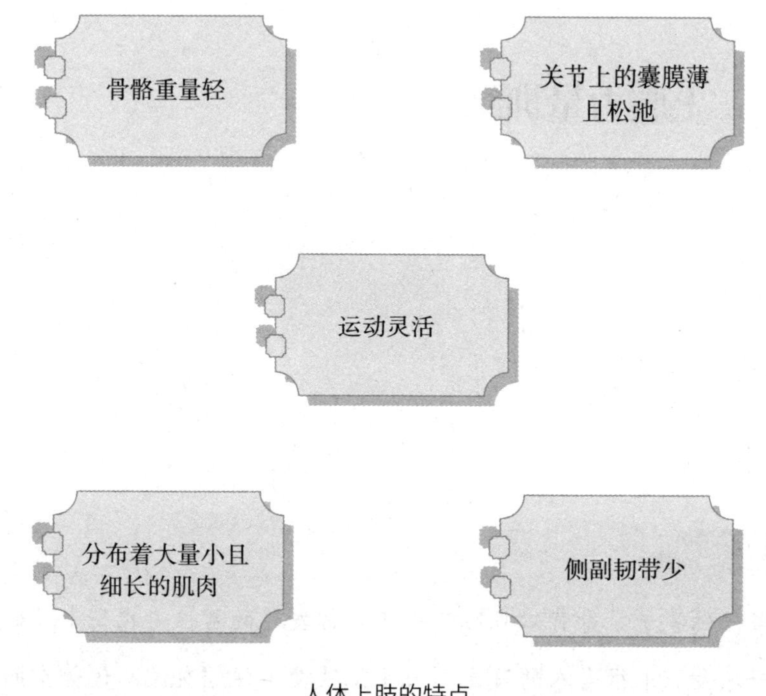

人体上肢的特点

上肢，也就是我们日常所提到的手臂，指从肩膀到手指的整个部分。但是，要让你说出上肢分布了哪些肌肉可能就没那么容易了。毕竟，上肢中包含大量的肌肉。

确切地说，上肢主要包括肩部、前臂、肘部及手等主要部位。而这里所说的上肢力量，就是从肩部至前臂、肘部到手部的肌肉所拥有的力量。这些力量主要是由肌肉的发达程度决定的。所以，与其说是上肢力量训练，不如说是上肢肌肉的训练。

上肢的肌肉主要有肩带肌（上肢带肌）、上臂肌、前臂肌和手肌等。男性都热衷于锻炼的三角肌就分布在肩带肌中。

上肢主要部位与肌肉

上肢力量训练的好处

多与资深的上肢力量训练者交流，你将会发现一个秘密，那就是训练并不是必须要借助健身房里的专业器械，在家中、在户外也可以完成一些简单的上肢力量训练。

最关键的是，没有专业器械辅助的上肢力量训练也能给运动者带来诸多训练好处。

- 无器械上肢力量训练的好处
  - 有效地改善人体的生理机能
  - 易于增强体质，使你拥有健康的身心
  - 对力量素质的提升有着巨大功效

无器械上肢力量训练的好处

上肢力量无器械训练方法

◆ 举

如果此时你没在健身房，但又突然想练练上肢力量，可以尝试进行手臂的举的练习，方向随意，可以向上、下、前、后、左、右，可以屈肘也可以不屈肘，举的过程要保持手臂肌肉紧张。

如果想给手臂锻炼增加点难度，可以随手拿取身边的一些有重量的物品，比如书本、矿泉水等，增加手臂训练的负荷。

以手臂做高举动作为例。具体动作方法如下。

首先，身体站直，两脚开立与肩同宽。

其次，两手臂平举，与肩同高。

最后，两臂向上高高举起，与地面垂直。每天可以重复多次这样的训练。

此外，手持一瓶大容量的纯净水做平举也是不错的选择。首先，两手抓取相同重量的桶装纯净水，平举在身体前方或身体两侧，维持几分钟；然后，缓缓放下水桶，休息片刻，调整呼吸，继续平举。

◆ 俯卧撑

俯卧撑是一种很容易想到的锻炼上肢的方式，它对锻炼肱二头肌和肱三头肌等上肢肌肉特别有效。

此外，俯卧撑还可以衍生出许多不同的做法，如根据身体的高低分为高姿俯卧撑（脚低手高）、中姿俯卧撑（手脚同高）和低姿俯卧撑（脚高手低）；根据两手的距离分为超长距离俯卧撑（肘关节大于 135°）、宽距俯卧撑（约为 1.5 倍肩宽）、中距俯卧撑（比肩宽略大）、窄距俯卧撑（比肩宽小）；根据手撑地的姿势分为全长式、拳式和指式；还有单手俯卧撑、俯卧撑起击掌等做法。

窄幅俯卧撑

宽幅俯卧撑

◆ 倒立撑

做倒立撑会使身体的所有力量都落在手臂上，身体会倒着呈悬空状态。同时，身体在撑起和落下时需要手臂用力做曲伸运动。

需要特别指出的是，作为力量训练新手不建议一开始就选择这种方式锻炼上肢力量，应该在完成其他相对简单的动作的基础上，逐步地提升难度。

在做倒立撑时，应保证腰部挺直，否则容易失去平衡；另外，双脚向前弯曲也不可太快，否则容易让身体前倒；此外，落地要稳，避免脚趾受伤。

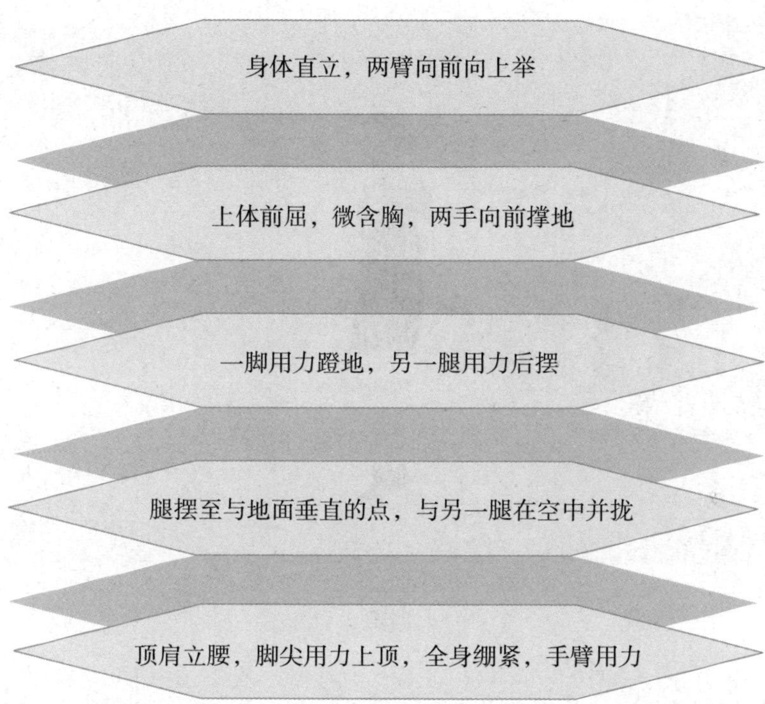

倒立撑的动作方法

◆ 跳绳

虽然跳绳是需要借助运动器材的，但这种器材是很容易得到的，或者你可以不借助绳徒手做空摇绳跳绳练习。摇绳时主要依靠的是手臂的力量，所以对提高手臂力量是很有帮助的。

首先，身体站直，(想象) 两手抓住跳绳两端，一脚踩住绳子中间，两臂屈肘且抬起小臂；其次，两大臂靠近身体两侧，手腕发力向前摇动跳绳，两手在身体两侧做画圆的动作；最后，(想象) 绳子中间摇至接近小腿前方的位置时准备跳起，使绳子从脚下顺利通过。

跳绳

跳绳的速度与时间要根据自身情况来的。最初可以每次坚持 5～10 分钟，之后逐渐延长时间、提高速度。

◆ 拔河

如果有伙伴一同参与力量训练，可以组织一场拔河比赛。在用力牵拉的过程中，上肢需要消耗很大力量，对锻炼上肢很有帮助。

首先，双手手心朝上抓住绳子；其次，将绳子压在腋下；最后，脚尖要始终放在膝盖前方，并且当听到“开始”指令后立即用全身力气向后拉绳。

拔河时，手臂要用力拽绳，双脚也要用力蹬地，臀部也要尽力向后用力。

温馨提示

跑步，能锻炼上肢力量，又能减肥塑型

跑步对每个成年人来说都是相当熟悉的一项运动。在跑步过程中，摆臂的动作必不可少，所以自然可以锻炼到上肢力量。

另外，如果健身爱好者的体型肥胖，可以通过跑步达到很好的减肥效果。如果你能每周坚持两次以上长跑，每次坚持30分钟以上，那么相信用不了多久你就能成为一个身材匀称、上肢肌肉发达的运动达人，让周围的同性对你刮目相看。

下肢力量训练

各抒己见

很多男性在健身时只关注上半身的训练，而忽视了下肢肌肉，实际上，下肢肌肉的锻炼与上肢肌肉的锻炼同样重要。那么，你知道下肢具体包括哪些部分吗？训练下肢力量会有怎样的益处？如何在无器械辅助的情况下训练下肢肌肉？

认识下肢

下肢指的是人体腹部以下的部分，主要有臀部、股部、膝部、胫部及足部。人体下肢作为承担身体重量的主要部位，分布着大量肌肉。

下肢主要部位与肌肉

与上肢肌肉相比，下肢肌肉更加粗壮，因为它除了要维持人体的站姿、支撑身体重量，还要协助跑、跳、走等移动身体的一系列动作。

训练下肢力量的重要性

人体负重最多的部位就是腿部，所以腿部的肌肉非常发达。在相同的时间段里进行运动，热量消耗最快的很可能是腿部。因此，如果你有减脂的需求，不妨也关注一下腿部的运动。

如果说人体是一所房子，上肢是“房梁”，那么下肢就是“地基”。因此，只有“地基”打牢，整个房子才能稳固，才会有更长的使用年限。也就是说，只有保证足够的下肢力量，才能让整个身体在运动中更稳。

下肢力量无器械训练方法

◆“矮子”走

身体先蹲下来直到手能摸到后脚跟，像小矮人那样走路。在这种训练中，腿、脚要承受很大的压力，所以对增强腿部和脚部力量非常有效。走的距离和速度可以随着力量的提升而不断增加。

◆ 台阶跳 / 跑

台阶跳 / 跑是只需借助台阶就能完成的一项下肢训练方式。相信不少人在童年时期都将跳 / 跑台阶当成一种游戏。

台阶跳 / 跑属于全身性的运动，在跳的过程中需要腰、腹、腿、手的协作。因此，选择台阶跳 / 跑来训练下肢力量是一种简单易行的方法。

台阶跳 / 跑可以采取多种方式，如双腿交替式、双腿跳、单腿跳、反跳、蹲式跳；连续跑上、跑下台阶，单台阶跑、双台阶跑等。

跑台阶

◆ 单脚跳

小时候你一定也玩过单脚跳的游戏吧。每当有一群小朋友在一起玩耍时，总会有人提议来一次单脚跳比赛，看谁坚持的时间最长。

单脚跳是一种锻炼脚力和弹跳力的方法，其对下肢力量的提高也有显著效果。

以单脚连续向前跳为例，一只脚离地，另一只脚稳稳地踩在地面上，连续、迅速单脚向上跳，跳一定时间后，换另一只脚离地，重复练习。

单脚跳

◆ 跨步跳

如果你不知道跨步跳是什么样，那你应该见过运动会上的跨栏跳吧，它们的动作大致相同。

跨步跳会用到腿、膝、踝等下肢部位的发力，所以是一种值得选择的训练下肢力量的方式。

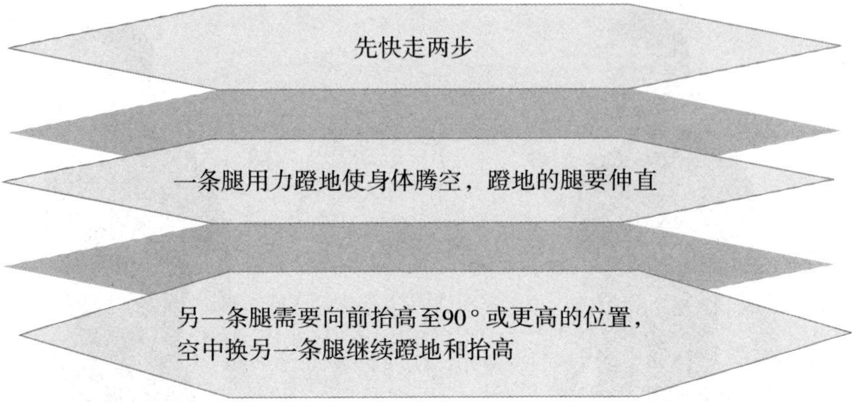

先快走两步

一条腿用力蹬地使身体腾空，蹬地的腿要伸直

另一条腿需要向前抬高至90°或更高的位置，
空中换另一条腿继续蹬地和抬高

跨步跳的动作方法

◆ 蛙跳

蛙跳就是像青蛙一样跳，它对发展大腿肌肉和髋关节力量很有效。蛙跳无须借助任何器械，而且动作简单易学，随时随地都可以进行训练。

蛙跳主要是发展下肢爆发力及协调用力。

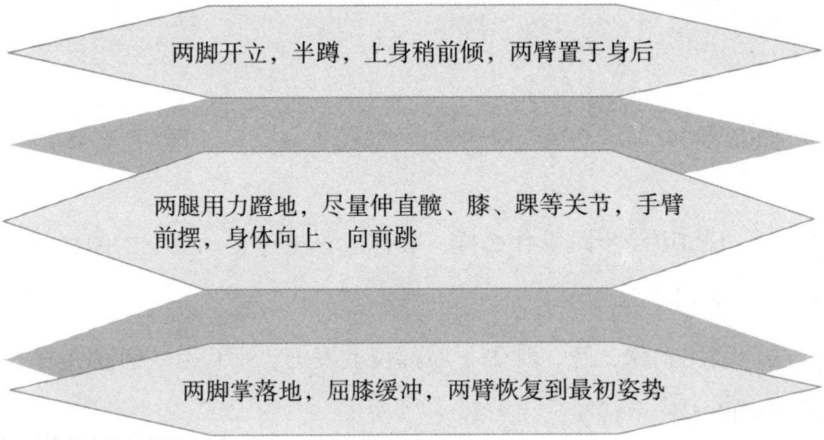

两脚开立，半蹲，上身稍前倾，两臂置于身后

两腿用力蹬地，尽量伸直髋、膝、踝等关节，手臂前摆，身体向上、向前跳

两脚掌落地，屈膝缓冲，两臂恢复到最初姿势

蛙跳的动作方法

如果有条件可以穿上沙背心，绑沙护腿，这样能更有效地增强下肢力量。训练时应尽量快速起跳，身体要尽可能地伸展，跳的距离可以逐步增加。

◆ 深蹲

虽然深蹲看起来很简单，实际上做起来是有一定难度的。因为在做深蹲时，不仅要靠腰、背、脚、臀、膝等肢体的力量，还要调整好呼吸，否则可能很快就因为体力不支而中途放弃。

深蹲对练大腿肌肉很有效，而且对减肥也有很大用处。而在力量训练、举重训练之前的热身运动中，深蹲也是一个王牌动作。

深蹲

深蹲时，两脚开立与胯同宽，两手臂朝身体前方伸直，腰背尽可能挺直，使脚跟保持与肩膀同样的宽度，臀部迅速后移且成下蹲姿势，上身保持挺直；蹲至大腿与地面平行，膝盖呈 90° 角，再迅速起身还原至最初的动作。重复动作多次。

之所以推荐用深蹲的动作进行热身，是因为它能使你的躯体得到全面的活动，最重要的是能有效锻炼你的臀部及大腿肌肉，如股四头肌、腘绳肌、臀大肌等。

◆ 箭步蹲跳

如果坚持一段时间的深蹲，你明显感觉下肢力量有所增强且训练已经没有多大压力，那么可以迎接更高难度的箭步蹲跳。箭步蹲跳对腿部、臀部肌肉的锻炼非常有效。

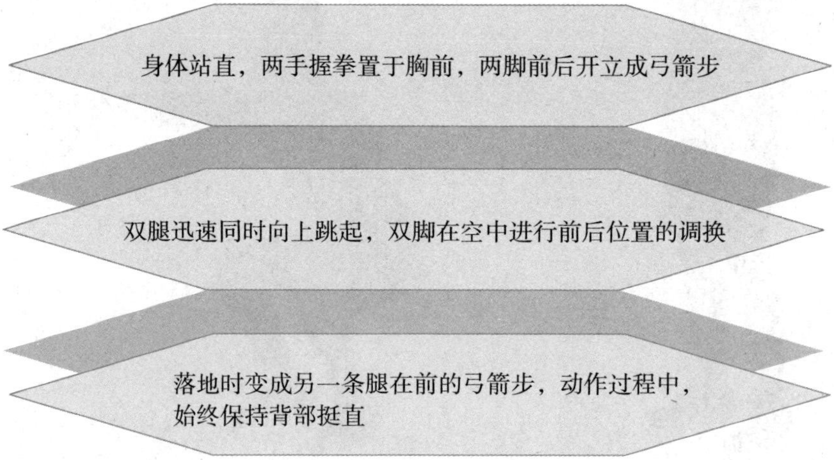

身体站直，两手握拳置于胸前，两脚前后开立成弓箭步

双腿迅速同时向上跳起，双脚在空中进行前后位置的调换

落地时变成另一条腿在前的弓箭步，动作过程中，始终保持背部挺直

箭步蹲跳的动作方法

◆ 侧身抬腿

侧身抬腿是一种躺着就能锻炼大腿内侧肌肉的方式。如果你是健身新手，不妨从这种简单的动作入手，虽然动作简单，但效果不一般。

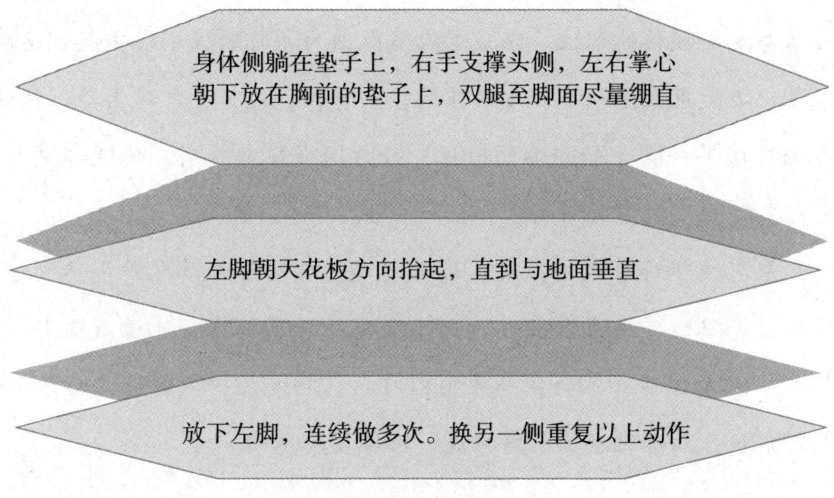

侧身抬腿的动作方法

◆ 长跑

跑步是一种很有效的且很简单的增强腿部肌肉力量的训练。跑步时双脚交替，需要活动到脚、踝关节、小腿、大腿、膝盖、髋部等部位，并且需要上肢的协调配合，所以是一种全身性的运动。

当然，跑得快并不意味着你的腿部力量就大，但跑得足够远则能说明你的腿部力量很强。所以，长期坚持长跑的人通常都有着很发达的腿部肌肉。

温馨提示

趁年轻，积极锻炼腿部肌肉

老人们时常会说：“人老先老腿。”虽然大多数年轻人还不能体会这句话的意思，但仔细想想好像也很在理。毕竟，腿部是人体肌肉和骨骼中最容易发生损伤的部位。很多老人多是因为年轻时候不注重腿部运动，上了年纪之后患上了很多腿部的疾病，如骨折、关节炎、风湿等。因此，趁年轻应该早一点开始腿部的锻炼，努力增强腿部肌肉，使腿部更有力量应对各种强度较高的活动。

如果忽视腿部肌肉的锻炼，那么腿部的骨骼和关节也就得不到严密的保护，一旦过多地参与骑车、爬山之类的活动就很可能造成腿部关节的损伤。很多损伤并不会立马表现出症状，而是隔一段时间之后才会有疼痛等症状，到那时损伤已然形成，已经没法挽回。

爆发力训练

各抒己见

人的爆发力如同火山喷发一样，瞬间迸发出巨大的能量。爆发力是促使人在运动时完成一些高难度动作的重要力量。因此，真正的健身爱好者除了会关注上下肢力量的训练，也会重视对爆发力的训练。你认为自己的爆发力如何？你是如何理解爆发力的？你知道如何科学训练爆发力吗？

什么是爆发力

与上下肢力量训练一样，爆发力也是男性力量训练的一个重要内容。爆发力，指肌肉在短时间内克服阻力产生的最大的力量。

确切地说，爆发力是一种人体体能素质，其能反映出人体不同肌肉之间的协调能力；一个人的爆发力也可以理解为其肌肉的弹性，代表速度与力量的结合。

大多数运动都需要运动者的爆发力参与，如在做起跑、起跳、投掷、扣球等动作时，爆发力越强，动作就完成得越好。因此，力量训练必然也不能回避爆发力的训练。

爆发力可以按照运动时长分为三种。

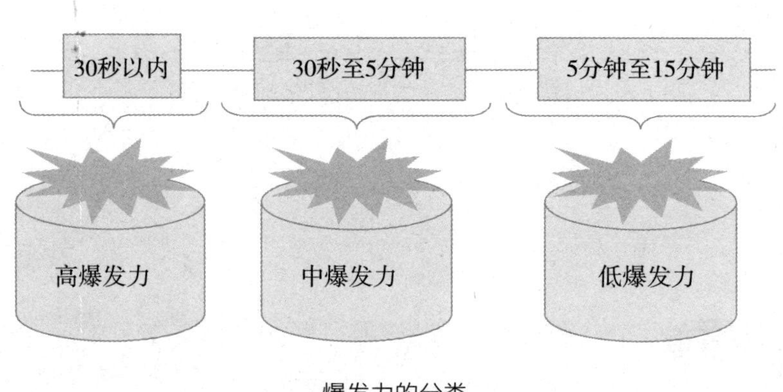

爆发力的分类

爆发力训练的利弊

◆ 爆发力训练好处多

作为一个致力于提升身体力量的男性，显然不可忽视对爆发力的训练。

- 科学的爆发力训练可以改善你的关节控制能力。
- 科学的爆发力训练既可以减肥，又能让你的身体更加强壮。
- 科学的爆发力训练可以延长寿命。

◆ 爆发力训练注意事项早知道

虽然训练爆发力有诸多好处，但如果急于求成（追求短期见效）或运动训练方法不正确，也存在一定的弊端或可能给你造成一定的困扰，因此，应该事先了解这些弊端，为正式训练做好心理和身体的准备，以免带来不可挽回的后果。

- 动作难度大，需要投入大量时间来训练。
- 对训练者的身体素质有较高要求，容易受伤。
- 易疲劳，训练量大，恢复难。

爆发力无器械训练方法

爆发力的训练，其实就是通过各种训练培养人在运动时呈现出的加速度能力，也就是刺激机体在极短的时间里完成从肌肉拉伸到肌肉收缩。

爆发力训练对训练者的机体状况和运动水平都有很高的要求，所以必须认真对待。

如果你有着强烈的提高爆发力的意愿，已经储备了充足的体力，深知想要着重训练哪些部位的爆发力，并且熟悉了爆发力的利弊，那么接下来就可以根据需要选择合适的训练方法了。

◆ 高抬腿

高抬腿可以增强腿部力量、提高下肌肉群的蹬地撑地能力，还能提升髋、膝、踝等关节的柔韧性与协调性。长期坚持高抬腿的练习对于提高身体的爆发力也非常有用。

抬腿时，注意抬头挺胸收腹，两膝盖与脚尖始终朝向身体前方，腿抬起的高度略比髋高。

高抬腿

高抬腿可以在原地进行，也可以一边跑一边高抬腿。如果做原地高抬腿，可以每天做 5 组以上，每组做 50 次；如果是高抬腿跑，可以每天做三组以上，跑的距离控制在 30～50 米。

◆ 蹲跳起

许多带有蹲、跳、起等动作的训练都能或多或少地帮助发展身体的爆发力。

蹲跳起就是一个集蹲、跳、起三个动作于一身的、可用于发展爆发力的运动。做蹲跳起的训练时，主要发力点是腿部和脚踝。

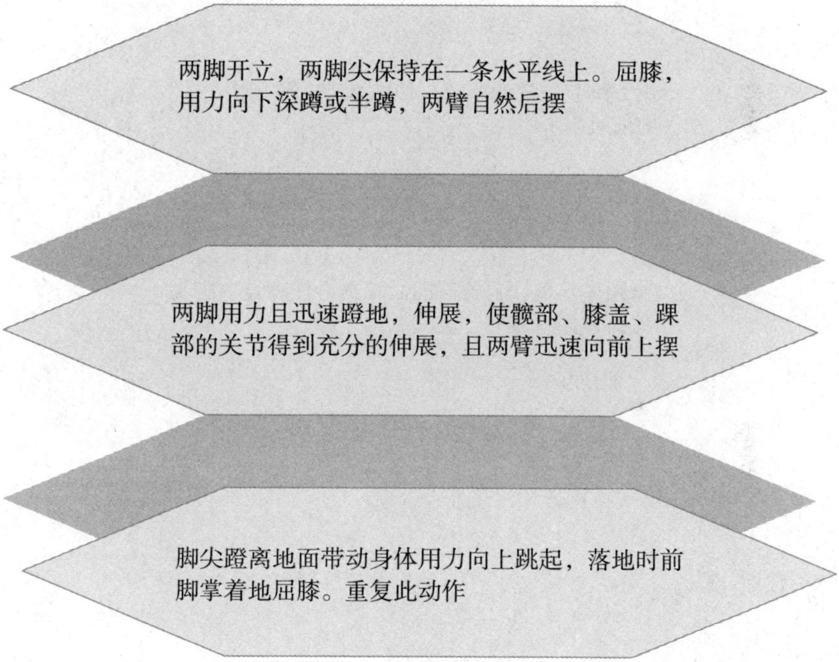

两脚开立，两脚尖保持在一条水平线上。屈膝，用力向下深蹲或半蹲，两臂自然后摆

两脚用力且迅速蹬地，伸展，使髋部、膝盖、踝部的关节得到充分的伸展，且两臂迅速向前上摆

脚尖蹬离地面带动身体用力向上跳起，落地时前脚掌着地屈膝。重复此动作

蹲跳起的动作方法

◆ 跳远

跳远不仅可以增强臀部的运动能力，还可以发展爆发力，尤其是增强腿部爆发力的重要运动方法。

采用跳远的方式增强爆发力时，不必要求自己一定要跳多长的距离，关键在于腿部肌肉的用力感觉，以及学会如何让腿部肌肉发力才能跳得快、准、远、稳。

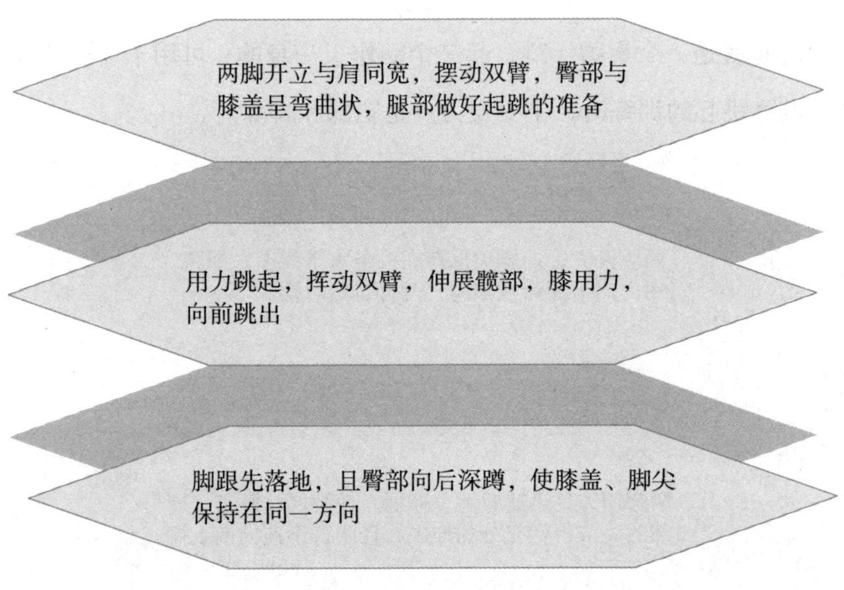

跳远的动作方法

◆ 立卧撑

如果你还不了解立卧撑也没关系，只要你知道俯卧撑就很容易理解什么是立卧撑了。因为立卧撑就是先做一个俯卧撑，再加上一个收腿、站起来的动作。

比起俯卧撑，立卧撑的难度更大，也会运用到更多的肌肉力量。立卧撑既能锻炼到手臂、肩部、背部的力量，还能加强腹部、腿部的肌肉收缩力量。可见，立卧撑是一项能锻炼全身肌肉的运动。同样，立卧撑对于发展身体的爆发力也非常有效。

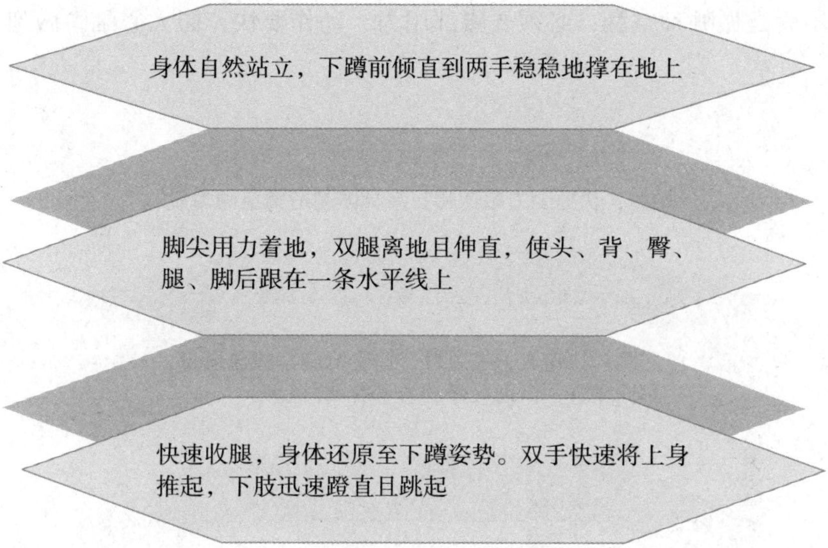

立卧撑的动作方法

◆ 翻

在体操或者武术中，经常会做翻（身体有支撑地翻或空翻）的动作。空翻是一种难度系数极高的动作。

要想完成一系列的翻转动作，除了要有一定的技巧，还需要借助一定的力量和速度。

这里以空翻为例，空翻可以按照方向分为前空翻、后空翻和侧空翻。如果你未曾做过空翻，那不如从最容易学会的前空翻开始，前空翻学会了，其他的空翻也就没那么难了。

不管练习哪种空翻，最初都应该从借助双手撑地翻过去开始，反复练习熟练以后可以慢慢不用双手。尽量选择柔软的场地如沙坑、草地，以增强运动保护。

不管是做哪种空翻，必须要腰部用力，动作要快，胆大心细，做到一气呵成。

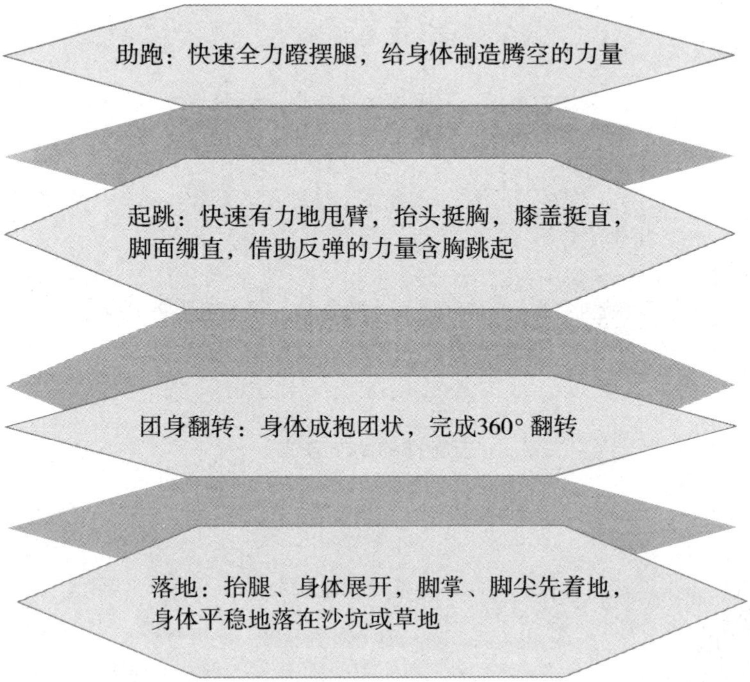

助跑：快速全力蹬摆腿，给身体制造腾空的力量

起跳：快速有力地甩臂，抬头挺胸，膝盖挺直，脚面绷直，借助反弹的力量含胸跳起

团身翻转：身体成抱团状，完成360°翻转

落地：抬腿、身体展开，脚掌、脚尖先着地，身体平稳地落在沙坑或草地

空翻的动作方法

需要特别提醒你的是，无论什么时候学练空翻，你身边都需要有一个专业的懂得安全保护技术的陪练伙伴，起初需要同伴扶着你空翻过去。要练会预计需要练习两周。在没有足够把握和安全措施不到位的情况下，千万不可贸然尝试独自练习空翻动作。

运动新手不推荐进行翻的练习。

◆ 冲刺跑

一提到爆发力训练的方法，你应该最先会想到冲刺跑。冲刺跑就是全程跑中的最后一个跑程。在冲刺跑时，你必须加强后蹬力、摆臂和摆腿的速度。可见，冲刺跑只是全程跑中一段很短的距离以快跑的方式来完成。

当然，冲刺跑不是毫无目的地快速跑，而是根据不同的跑步项目选择不同的冲刺跑距离。

按照全程的距离来看，常见的跑步项目有 100 米跑、800 米跑、1 500 米跑和 3 000 米跑。在不同的跑步项目中，要完成不同的冲刺跑。科学地冲刺跑才能获得更好的训练效果。

短跑、冲刺跑，是锻炼爆发力的重要运动方式

表 3-1　不同跑步项目的冲刺跑距离

跑步项目	冲刺跑距离
100 米	15～20 米
800 米	250 米左右
1 500 米	300～400 米
3 000 米及以上	400 米左右

温馨提示

冲击速度极限是提高爆发力的重要任务

很多健身新手都会错误地认为只要一开始就冲破速度和力量的极限就一定利于爆发力的提升。

实际上，要提高爆发力首先应保证动作的速度，而非力量。因为速度极限是提高爆发力需要攻克的难关，力量极限是提高爆发力所要努力的方向，但如果一开始就让重量超越了身体极限，将很容易给身体带来巨大的压力，甚至造成损伤。身体在疲劳的状态下进行训练是很难保证速度的，从而也无法达到提高爆发力的目的。

因此，在训练初期，应该将重量调整到你能明显感到压力但不影响提高速度的程度。训练一段时间后，待速度有了明显提升且极其稳定时就可以开始更大重量的训练了。

第四章

局部重塑，展现男性魅力

美好的事物人人都向往。

男性的魅力一方面体现在内在品质上，另一方面则体现在外形上。好身材能为你加分。

拥有好身材会让你看起来很强壮、健康，充满男子气概，能赢得他人的信赖。

塑造好身材，尽显男性魅力，从局部塑造开始。

塑造强健胸肌

各抒己见

很多男性都非常重视自己的胸肌锻炼，不过，练好胸肌并不是一件容易的事情，必须采用科学的方法才能成功。你是不是也想拥有强健的胸肌呢？你认为胸肌发达对一个男性而言有哪些好处？为了拥有强健的胸肌，你都尝试过哪些方法？

认识胸肌

胸肌是分布在胸部附近的肌肉。

胸肌，也叫“胸大肌”，指位于胸腔底壁而连接到前肢的肌肉。这部分肌肉的面积占身体全部肌肉的比重较大，而且分布在很明显的位置，所以很容易引起人们的注意。

我们知道，大多数女性都很在意自己的胸部轮廓和丰满程度，其实，很多男性也很关注自己的胸肌情况，会参与一些训练使自己的胸肌更发达。

拥有健康胸肌的好处

胸肌是很多男性训练的重点，特别是刚刚参与健身的新手，首先想到的就是练胸肌。

对男性而言，胸部刚硬的线条会使男性看起来更健硕、有安全感，结实的胸肌能提升男性的魅力。锻炼胸肌既可以消耗身体的脂肪，又能提升一个人的气质。拥有健康的胸肌可谓是好处多多。

- 对胸肌附近的器官及骨骼有保护作用，如心脏、肺和肋骨。
- 肌肉增多，力量变大。
- 改善体型，穿衣好看。
- 提升气质、充满男子阳刚之气。

一旦拥有了强健的胸肌，你会发现自己与之前比发生了很大变化，这种变化不仅是外在可见的，内在也会有明显的改变，如更加成熟、自信、乐观、坚强等。

锻炼胸肌的方法

通常情况下，练胸是需要借助一些专业器械来进行的，但如果条件不允许也可以借助最经典的徒手训练胸肌的方法——俯卧撑、展臂扩胸。

俯卧撑对训练胸肌非常有效。除了最常规的俯卧撑，还可以通过调整姿势变换不同的俯卧撑。关于俯卧撑，在本书前面章节已经提到，俯卧撑能锻炼到身体各部分的肌肉，通过变换俯卧撑的姿势，可以让胸部肌肉得到集中锻炼。

这里重点推荐以下几种不同形式的俯卧撑以及徒手展臂扩胸来帮助你健身锻炼，以强健胸肌。

◆ 膝盖触地俯卧撑

膝盖触地俯卧撑特别适用于健身新手，因为其难度相对简单。

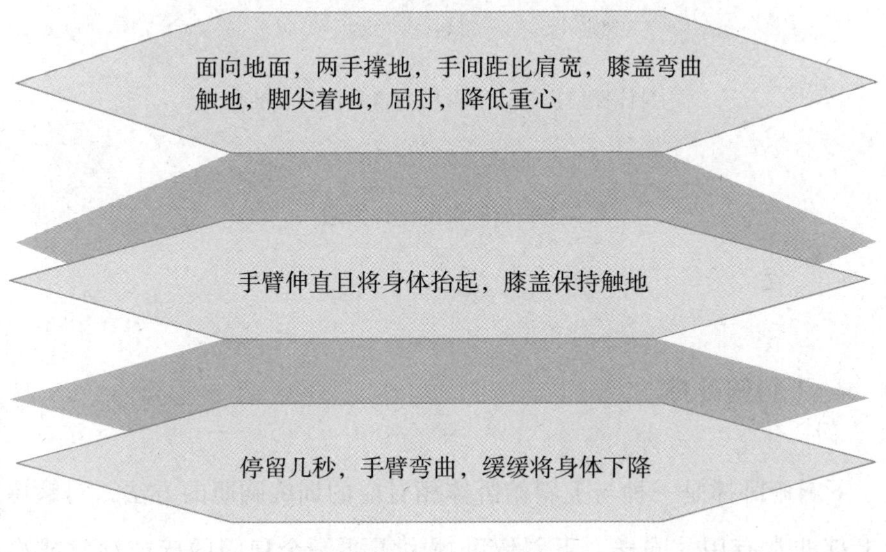

膝盖触地俯卧撑的动作方法

◆ 上斜俯卧撑

上斜俯卧撑可以有效锻炼胸肌的下部。上斜俯卧撑需要借助床、沙发、桌子等稳固的物体进行训练。

初学者有时可能因为力气不够而无法直臂支撑身体，此时先别急着放弃，你可以在每 30 秒内做得慢一些，或者用整个前臂接触稳固物体撑住身体。

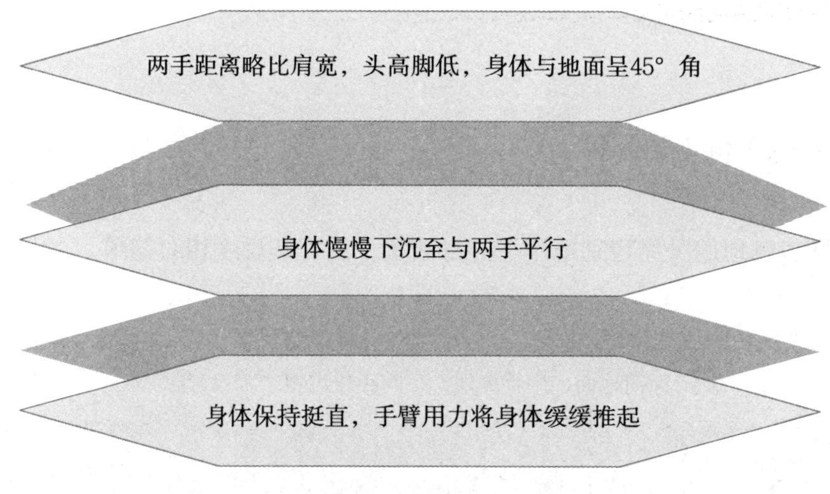

上斜俯卧撑的动作方法

◆ 下斜俯卧撑

下斜俯卧撑是一种与上斜俯卧撑相对应的训练胸肌的方法，对锻炼胸肌上部非常有用。同样，下斜俯卧撑也需要一个稳固的床或沙发或桌子等辅助进行练习。

在做这个动作时，身体始终为俯身姿势，身体挺直，腹部要收紧，调整好呼吸。两只手发力应该平均，否则会使练成的肌肉不对称。

两脚搭在桌子上，头低脚高，两手撑地且与肩同宽，身体与地面呈35°角

手臂弯曲让身体缓缓下降，同时吸气。直到胸部接近地面

手臂迅速伸直，让身体回到起始位置，同时呼气。停留一会后还原，反复练习

下斜俯卧撑的动作方法

◆ 匍匐提膝俯卧撑

匍匐提膝俯卧撑需要身体一边移动一边做俯卧撑，所以难度系数相对较高。在做匍匐提膝俯卧撑时，首先向前移动一只手，然后做一次俯卧撑，同时一只脚抬起向前提膝，尽量靠近同一侧手臂的肘部。

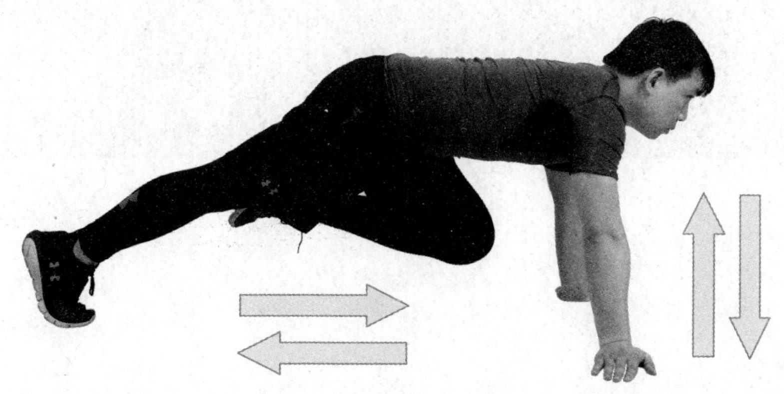

匍匐提膝俯卧撑

◆ 展臂扩胸

两脚开立，双手握拳胸前屈臂平举，拳面相对，从中间向两侧伸展手臂向两侧打开使拳面向前，或完全打开使两手臂呈侧平举状态，活动胸部和后背部肌肉。

做动作时协调呼吸，反复多次练习。

展臂扩胸也可以手持重物进行负重练习，或手持拉力带进行扩胸练习，本章着重于无器械的局部塑身，因此负重扩胸不再赘述。

展臂扩胸

温馨提示

适当休息，预防损伤

虽然做俯卧撑对锻炼胸肌很有效，但也不能不间断地长期做。因为俯卧撑对指关节、腕关节和肩关节等都会造成较大压力和冲击，所以长期强迫自己做超负荷的俯卧撑训练、不注意休息，将会造成身体的疼痛和受损。比如，你可以在做完俯卧撑之后对身体进行按摩，并应注意对关节的保养。

如何练出马甲线

各抒己见

虽然我们常听到："男练人鱼线，女练马甲线。"但这并不意味着男人就只能练人鱼线而不能练马甲线。男人也可以拥有马甲线。

你了解马甲线吗？你知道马甲线是指哪个部位的肌肉吗？练习哪些健身动作有助于你塑造马甲线呢？

什么是马甲线

不在意身材、不关注细节的人，往往不会关注马甲线，更不知道拥有马甲线会给自己带来多大变化。而在意外表、关注身材、爱护健康的人很清楚，马甲线可以让整个人轻盈、灵活，解决腹部赘肉困扰。

马甲线就是指腹部没有赘肉，并且呈现出明显的小块肌肉的线条。腹部的肌肉包括腹肌和腹外斜肌两个部分。当腹部的这两块肌肉足够发达，线条足够明显时，从外观看，腹部的肌肉就像穿了一件马甲一样，这时腹部肌肉所呈现出的线条就是马甲线。

练出马甲线，成为更好的自己

如今，越来越多的人想练出马甲线，这就说明它是对自身有益的，是值得拥有的。

通过力量训练塑造马甲线除了可以让你的身材曲线更加完美，还会给你带来许多其他意想不到的惊喜。

- 增强腰部、背部的力量，利于提高腰椎、脊柱的稳定性、灵活性。
- 提高身体免疫力，远离疾病。
- 消除大肚腩，身姿更挺拔、匀称。
- 培养意志力，积极乐观地面对生活。

说到这里，你是不是很迫切地想要练出马甲线。别急，马甲线不是一天两天就能练成的，而要选择科学的方法，持之以恒地练下去。相信不久的将来，你一定会告别圆圆大大的啤酒肚，为自己穿上真皮制造的“漂亮马甲”。

锻炼马甲线的方法

“对症下药”才能从根本上解决问题。因此，要练马甲线就要着重练腹肌和腹外斜肌两大重要的腹肌。

◆ 仰卧起坐

仰卧起坐是最常用的锻炼马甲线的方法，而且随时随地都可以做。男性做仰卧起坐时尽量保持一定的强度，以将其功效发挥到最佳。

长期坚持做仰卧起坐，一方面会消除腹部脂肪拥有平坦的腹部，另一方面也能让腹部肌肉变得紧实、有力。力量不错的健身者最好每天保证不少于100 个仰卧起坐，可以分多组完成。

仰卧在垫子上，两手抱头，屈膝，脚底着地，腹部用力朝膝盖方向坐起，反复多次练习。

仰卧起坐

◆ 仰卧提膝 / 举腿

仰卧提膝 / 举腿的动作会对腹部肌肉产生一定的作用力，因此对训练腹部肌肉有一定的作用。许多要练出马甲线的男性会选择仰卧提膝的方式训练腹部肌肉。

在做仰卧提膝 / 举腿这一动作练习时，动作无须太快，但要确保每个动作做到位，这样才能刺激到所用的肌肉。

仰卧于垫子上，背部挺直，肩部紧绷，收紧腹部。提膝时，双膝向头部方向提起；仰卧举腿时，双腿伸直、垂直上举或向头部方向倾斜。反复多次练习。

仰卧举腿

◆ 仰卧骑单车

仰卧骑单车并不是真的让你去骑单车进行锻炼，而是身体仰卧着模仿骑单车的动作。仰卧骑单车除了能锻炼腿部力量，还可以锻炼腹斜肌。因此，坚持做仰卧骑单车的训练也可以帮助你练出好看的马甲线。

仰卧在垫子上（可借助腹部力量上体稍卷起），双腿伸向空中，在空中做骑单车的绕环蹬踏动作。

仰卧骑单车的动作方法

◆ 仰卧成桥

仰卧在垫子上，双手在体侧自然平放，双脚平放支撑，屈膝，腹部发力向上挺起成桥，腹部收紧，保持动作尽量长的时间。

仰卧成桥的动作方法

◆ 侧边抬腿

虽然侧边抬腿的动作很简单，似乎没有什么难度，但其对腹部及腿部肌肉的锻炼很有用。

当然，在做侧边抬腿时应该注意动作规范、力度到位，否则也无法达到想要的效果。在做侧边抬腿时，可以先用一条腿做抬起与落下动作 30 次，再换另一条腿做 30 次。

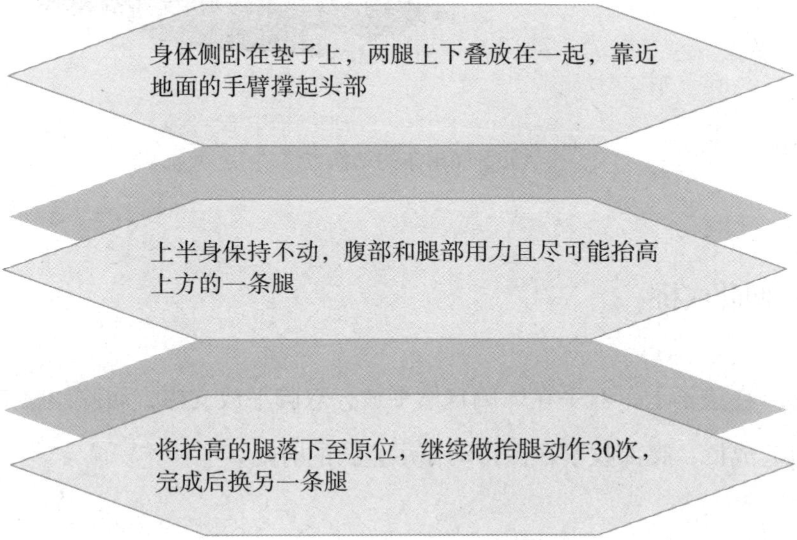

身体侧卧在垫子上，两腿上下叠放在一起，靠近地面的手臂撑起头部

上半身保持不动，腹部和腿部用力且尽可能抬高上方的一条腿

将抬高的腿落下至原位，继续做抬腿动作30次，完成后换另一条腿

侧边抬腿的动作方法

◆ 坐椅抬腿

坐椅抬腿可以很好地锻炼腹部肌肉，对练出马甲线有一定的帮助作用。学练初期每天做三组，每次大约做 12 个回合的抬腿与落下的动作。

坐椅抬腿并非随意找个椅子抬起腿那么简单，而是有很多讲究。具体动作方法如下。

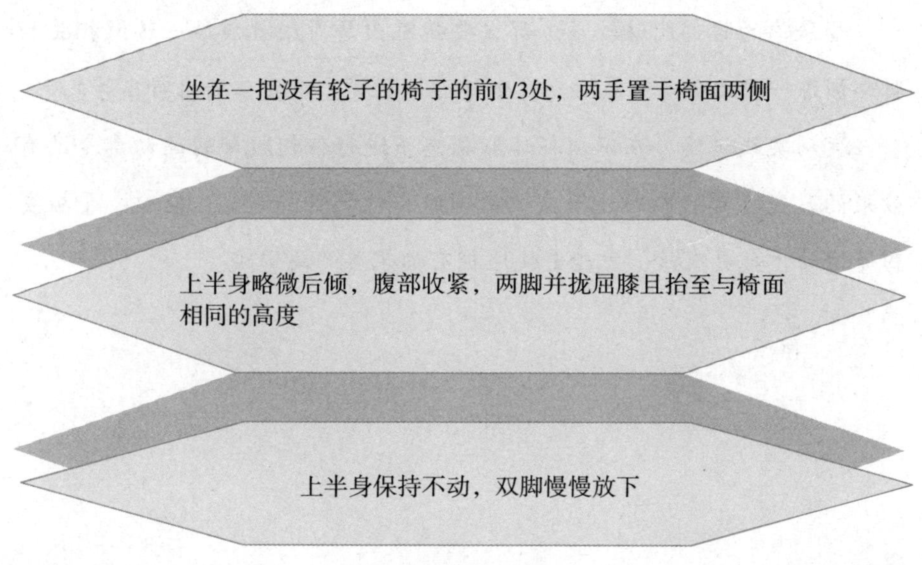

坐椅抬腿的动作方法

◆ 站立肘部触膝

站立肘部触膝的动作对锻炼腹直肌、腹斜肌都很有效，而且利于培养人的平衡力。

两脚开立，右手臂抬起，左腿抬起，右肘触左膝，换边反复多次练习。

温馨提示

腹部运动要与有氧运动配合起来

如果你的腹部脂肪较多，那么要想练出马甲线就应该一边做相关的腹部训练一边配合着有氧运动，如游泳、跳绳、跑步、骑自行车等。

运动实践证实，在不消耗体脂状态下进行任何腹部的运动都是没有效果的。在腹部的脂肪逐渐减少的同时，你的仰卧起坐、卷腹、平板支撑等运动才会更有效，才能更快地拥有你想要的马甲线。

如何练出人鱼线

人鱼线的形态及位置

人鱼线主要指腹斜肌线，其位于腹部的两侧，是腹部两侧接近盆骨的上方呈现出 V 形的线条，犹如鱼身体下半部分略微收缩时的样子，所以叫人鱼线。人鱼线往往呈现出来的是一种清晰的纹路，因此也叫人鱼纹。

拥有人鱼线的人看起来腰部很细，而且腹部整体上有上拉的效果。

不同等级的人鱼线

人鱼线其实是有等级划分的，这种等级是根据腹部脂肪含量来进行划分的。当然，并不是脂肪越少就越好，而脂肪太多也是不利于练出人鱼线的。这里按照腹部脂肪含量从高到低来对人鱼线进行等级排序。

◆ 超重量级

从侧面就能一眼看到你大大的啤酒肚，此时离完美的人鱼线还有很大距离，当前的线条只能暂且称作“鲸鱼线”。所以，为了人鱼线一定要加强锻炼、控制饮食、调整作息。

◆ 重量级

整体体型适中，但掀开衣服一个圆润的“爸爸肚”映入眼帘，略有肥肉，此时的线条最多可以称作“鲔鱼线”。短期内还练不成你想要的人鱼线，要加把劲了。

◆ 中量级

腹部肌肉超于常人，脂肪量较低，腹部轮廓非常明显。恭喜你，你拥有了真正的“人鱼线”，要保持好它就要坚持运动锻炼。

◆ 羽量级

整个人看上去比较消瘦，腹部不用练就直接瘦出了腹肌轮廓，但腹部肌肉属实太少，难以将轮廓撑起，没有明晰的线条，此时的线条叫“鱼骨线”。如果要改变这一状况，可以选择一边增脂一边做一些腹部肌肉的训练。

了解了各个级别的人鱼线，现在，你可以照照镜子看看自己现在处在哪个等级，然后为了真正的人鱼线而加强健身锻炼吧。

锻炼人鱼线的方法

◆ 仰卧两头起

只看名字就能猜到，仰卧两头起应该就是身体仰卧着，由腹部用力尽可能抬起上身和腿。实际的做法确实如此。

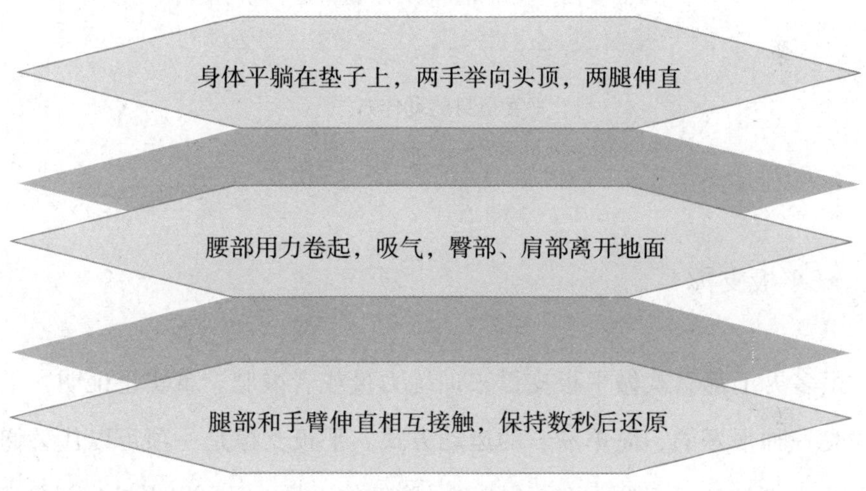

仰卧两头起的动作方法

◆ V 字挺身

在做 V 字挺身时要注意用腹部用力，腹部的肌肉会有明显的挤压感。转身时呼气，还原时吸气，注意保持身体平衡。

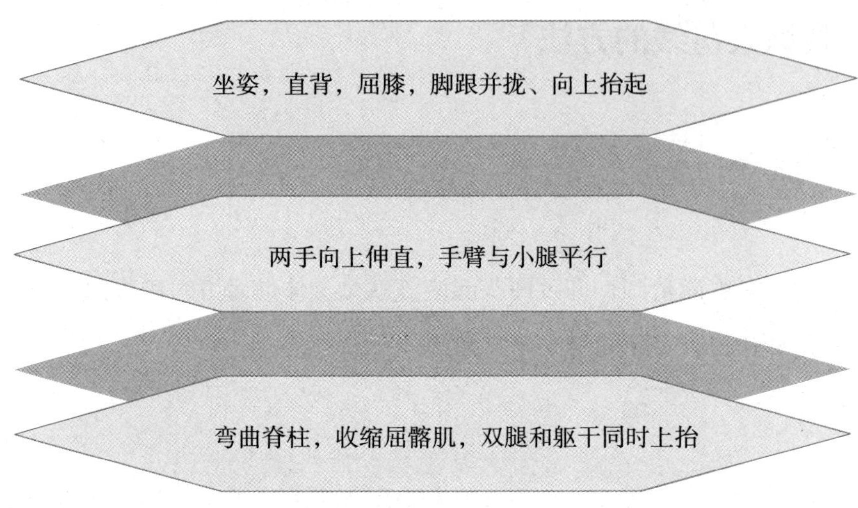

V 字挺身的动作方法

◆ 平板支撑

很多男士都喜欢做平板支撑来训练力量或者减肥。事实也证明，平板支撑是一种很好的、简单易学的运动方式。平板支撑是一项可以代替仰卧起坐的运动方式，其既可以锻炼腰部、腹部的力量，又可以保护颈部肌肉和颈椎。

在做平板支撑时一定要确保安全，并且要将两臂弯曲成直角，用手臂支撑整个身体，借助腰部、腹部承担身体的力量。

◆ 侧板支撑

侧卧姿势，腹部收紧、挺背、直膝、双腿伸直，整个身体呈一条直线。身体下侧的手臂直臂或屈臂支撑，坚持尽量长的时间。

侧板支撑

◆ 腿转体

腿转体的动作做起来较为吃力，但它是训练腹直肌下部至腹斜肌很有效的方法。在转腿的过程中要让腹部用力，这样才能锻炼到腹部肌肉。

仰卧姿势，两腿并拢，两手在体侧自然摆放

两肩不动，两腿同时抬高至与股关节呈90°

借助腹部力量扭转双腿，使双脚触碰到一侧的地面，再转向另一侧

腿转体的动作方法

◆ 单（双）腿侧躺—侧弯

侧躺—侧弯可以很好地训练腹斜肌。每组做 10 次，共做三组。侧躺—侧弯可以以两种形式进行，一种是单腿的，另一种是双腿的。

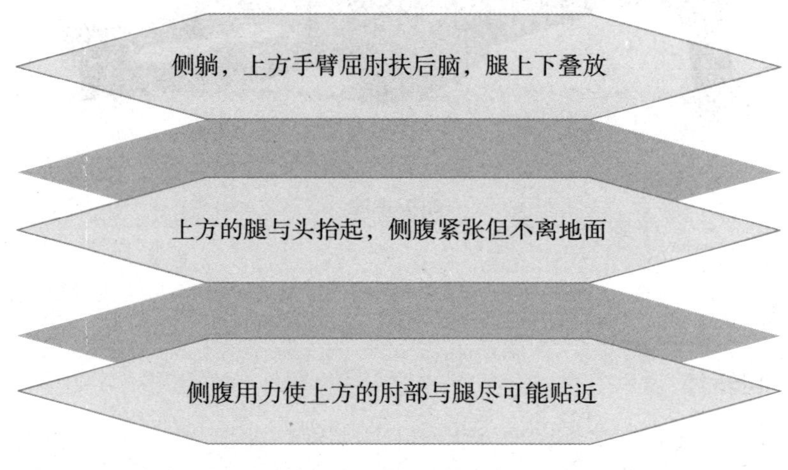

单腿侧躺—侧弯的动作方法

双腿的侧躺—侧弯准备姿势与单腿相同，只是抬肘与腿时要注意，要使双腿侧弯着，肘部与膝盖靠近。在做这一动作时，不要利用反冲作用，而是利用侧腹部的肌肉来转动身体。

温馨提示

运动不可过度

虽然人鱼线离不开一定强度的腹部训练，但也不要运动过度，要做到适可而止，通常选择一两项运动就能很好地刺激腹部内外斜肌。如果运动的强度太大或者方法有误，不但不会拥有纤细、立体的腰部线条，反而可能让腰部看起来更臃肿、粗壮。

伸展训练

各抒己见

在男性力量训练中，尽管伸展不是针对身体某部分展开的主要训练方式，呈现的效果也不是一眼可见的，但是其重要性是不容忽视的。它是在完成一系列力量训练后必须开展的一项训练。那么，你知道伸展训练的作用吗？伸展训练有哪些类型及特点？

伸展训练的作用

运动受伤的人，时常会抱怨："又受伤了！"其实，真正导致他们受伤的并不是运动，受伤原因大概率是因为运动前身体并未做好热身、运动中用力过猛、运动后没有充分伸展。

可以说，许多运动损伤都是可以通过适当的伸展训练来避免的。增加身体的柔韧性，就是减少损伤的重要方式之一。

在一些高强度的力量训练中，肌肉处于过度紧张状态，所以运动中或者运动后很容易感到体力不支、肌肉酸痛，甚至发生损伤而没法继续接下来的运动。要想预防这种情况的发生，就要做好伸展训练。

通常，你做了身体哪部分的训练，就可以在之后做相应部位的伸展，如练了腹肌，就可以重点对腹部做一些拉伸训练，缓解腹部的紧张。

具体来说，男性力量训练中的伸展训练具有以下作用。

- 放松肌肉，减少或预防酸痛，使机体功能快速恢复。
- 使韧带和关节与关节之间的配合更柔和，预防损伤。
- 舒展筋骨，使你的肌肉更加匀称、细长，更有美感。
- 增强肌肉力量，保持肌肉的弹性与爆发力。
- 提高肌肉运动能力，避免摔倒或绊倒的发生。
- 舒缓压力，放松心情。

当然，除了重视自身力量训练的男性，其他人也可以在日常生活中多参与伸展训练，特别是一些需要在上班时久坐的人，更应该适当地做一些肌肉的伸展运动，注意对肩部、颈部、背部及臀部、腿部等的拉伸，这样不但利于保持良好的身材，还可以促进血液流通，保持身体健康。

静力性的伸展

力量训练过后可以通过静力性的伸展训练来对身体进行放松。通常，静力性的伸展训练是从静止开始的，然后逐渐拉长所要训练部位的肌肉、韧带，拉伸到一定程度后，保持姿势一段时间。静力性的拉伸训练动作较为缓慢，身体在伸展时会有轻微不适，但不会感到疼痛。

静力性的伸展训练方便易操作，随时随地都可以开展，而且不需要他人的帮助，也不用借助任何器械。可以说，静力性的伸展是一种简单易行的训练，没有太多的约束和限制。

静力性的拉伸训练可以针对不同部位开展，每个部位都有各自的训练动作。下面就来看看一些常见部位要如何进行静力性的拉伸吧。

◆ 提放双肩

做完肩部力量的训练之后，别忘了做简单的伸展训练。要想对肩部上部的肌肉进行牵拉可以通过提放双肩的伸展训练来实现。

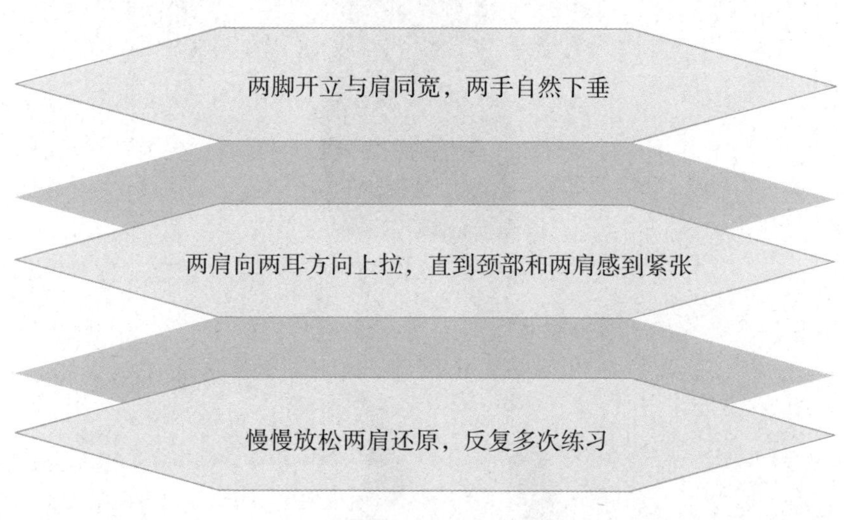

提放双肩的动作方法

◆ 向内 / 上 / 后拉肩

肩部后部、外侧及上臂后部在力量训练中都会受到很大的牵拉和施压，经过一定时间的练习后，肩部很容易出现肌肉酸痛、僵硬等症状，向内 / 上 / 后拉肩可以有效缓解这些症状。

向后拉肩时，自然站立，双手一上一下向背后伸展，两手尽量接触，注意背部要始终挺直。

向后拉肩

向上拉肩时，两脚开立与肩同宽，右手屈肘抬至脑后，左手抓右肘，向左侧拉伸，肩部紧张，坚持数秒后还原，换另一侧，左右两侧反复练习。

向内拉肩时，背靠墙面站立，右手臂绕过胸前顶住左侧肩部附近的墙面，肩部紧贴墙面，头跟随右手转向左肩附近，目视右手，坚持几秒，还原，换另一侧。左右两侧反复练习。

◆ 转体、屈腰

髋部、腰部及身体上半部分的肌肉拉伸就相对简单，只需要做双手叉腰转体动作、屈腰动作即可。

以弓箭步转体为例，两脚前后站立，降低身体重心呈弓箭步，两手臂侧平举，保持姿势左右转体。

左右转腰

屈腰时，可向左、向右、向前、向后（成桥）等多个方向屈腰，动作过程中注意运动安全。

向前屈腰

◆ 弓箭步压腿 / 髋

在全身或局部力量训练过程中，可能会给腿部、腰部、腹部及大腿肌肉带来压力，及时地做一些伸展训练就显得非常必要。

要对髋前部、大腿前部和后部的肌肉进行拉伸，可以通过弓箭步压腿 / 髋来完成。

两脚前后站立，降低身体重心呈弓箭步，屈膝呈 90° 角，膝关节位于踝关节的正上方，向下振压腿和髋部。

弓箭步压腿 / 髋

◆ 腿部拉伸

腿部的拉伸方法有很多，这里就推荐两种可以牵拉大腿与小腿前的肌肉的拉伸动作，即腿部拉伸平衡、后伸拉小腿。

做腿部拉伸平衡动作时，单脚站立支撑身体重心，一腿向后屈膝，同侧手握脚尖，空中的大腿、小腿尽量折叠，腿部肌肉紧张、有拉伸感，另一手臂前伸维持平衡。

做后伸拉小腿动作时，两脚前后开立，重心前移到前腿上，前腿支撑身体，后脚尖点地，后腿用力向后蹬伸，腿部肌肉保持紧张，有拉伸感。这一动作还可以结合手臂进行拉伸。

腿部拉伸平衡

结合手臂的腿部拉伸

PNF 伸展训练

PNF（Proprioceptive Neuromuscular Facilitation，本体感觉神经肌肉促进法，简称“收缩释放”）。PNF 伸展训练会先让肌肉强力收缩诱发反射性的自我抑制，待肌肉因为反射作用变得松弛之后，再通过伸展运动使肌肉得以放松。

PNF 伸展训练需要同伴的配合，具体训练步骤如下。

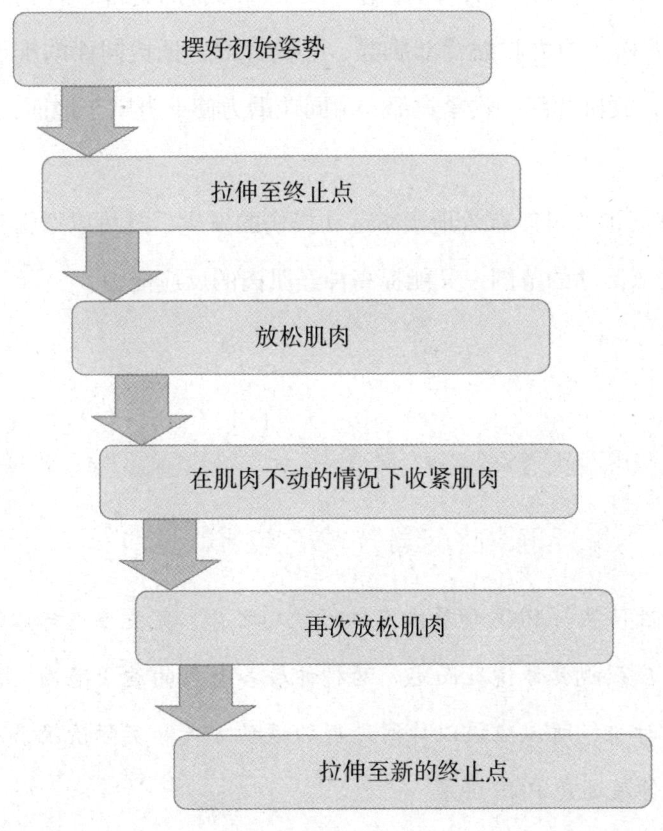

PNF 伸展训练的步骤

PNF 伸展训练中的终止点，是指运动无条件停止的位置。

还需要注意的是，后面的四步可以根据运动训练的类型与目标重复做3到6次。

其实，PNF拉伸就是在做传统拉伸训练的过程中，增加一个目标肌群主动对抗发力的阶段，之后会继续做传统的静力性拉伸。近年来，PNF伸展训练更广泛地应用到康复医学领域中，用于增强患者的运动能力。

以背部肌群为例，PNF拉伸训练的具体做法是：两腿伸直略微分开坐在地上，踝关节呈90°角，同伴用力推压训练者的背部，直到有痛感，保持10秒，放松；静力收缩背部肌群，上提背部，抵抗同伴的推压力，保持6秒，放松；放松背部，收紧腹部，由同伴助力使上身贴于地面，保持6秒，放松。

PNF伸展训练可以有效地预防运动损伤的发生，既可以增强身体的柔韧性，扩大关节活动的范围，又能提高神经肌肉的反应能力。

温馨提示

静力性伸展与PNF伸展的区别

静力性伸展与PNF伸展没有孰好孰坏之分，究竟要选择以哪种方式进行伸展应该视具体情况而定。两种伸展各有各的适用范围、优缺点以及训练的时机，所以应该以你所进行的运动方式和实际情况，决定要选择静力性伸展还是PNF伸展。

表 4–1　静力性伸展与 PNF 伸展的区别

两种伸展	适用于训练的肌肉	优点	缺点	时机
静力性伸展	一般肌肉	安全； 易控； 方式便捷。	互动较少； 过度伸展容易引起损伤； 限制运动表现。	随时； 训练的前、中、后。
PNF 伸展	被强化了的肌肉	能很好地提升身体柔韧性； 互动较多； 对力量提升很有帮助； 利于改善神经的协调性。	血压容易升高； 容易受伤。	训练结束； 特定时间。

总之，只有全面了解静力性伸展与 PNF 伸展，认真权衡二者的利弊，科学选做，方能让你的伸展更加有效。

第五章

巧借器械，为力量加码

男性力量训练，可徒手进行，也可借助器械进行。

借助器械，巧设负重，可使力量训练效果更明显。

在了解和掌握了无器械力量训练后，接下来不如挑选一件或多件称心如意的运动器械，来为你的力量训练加码，相信坚持一段时间后，你一定能收获满意的训练效果。

哑铃：小巧器材，塑造大力量

各抒己见

你有特别喜欢的运动器材吗？曾经购买过或者在健身房里经常使用哪些运动器材进行健身锻炼？

当你通过一段时间的力量训练，力量得到显著提高之后，你会不会觉得徒手力量训练太“小儿科”，想要挑战更高难度的力量训练？

健身器械可以帮助你进行力量训练，你可以利用健身器械进行负重练习、阻力练习，增加训练难度，这能让你在力量训练中更多地调动肌肉力量，从而使肌肉力量得到锻炼而不断提高。

哑铃是一种非常常用的健身轻器械，它体型小、负重不大，是初次尝试器械训练的首选。

哑铃有大有小，你可以结合自己的身体状况和力量训练需求去选择重量、大小合适的哑铃。

不同种类的哑铃

运用哑铃这一轻器械进行力量训练时，动作与徒手力量训练动作基本类似，只是增加了负重。常见力量训练动作及方法如下。

哑铃平举

双脚左右开立，上身挺直，双手持握哑铃，双臂体侧自然垂落。

一只手持握哑铃在体侧保持不动，另一只手持握哑铃、直臂上举，手臂高与肩平。两手臂交替向上平举哑铃。

哑铃平举动作对提高大臂肌肉力量具有很好的帮助作用。

哑铃平举

哑铃出拳

双脚前后开立，上身挺直，双臂屈肘，双手一前一后置于胸前，双手持握哑铃，做拳击出拳准备姿势。

双手紧握哑铃交替、快速向前出击，反复多次练习，以增强手臂力量耐力与爆发力。

哑铃出拳

哑铃深蹲

双脚左右开立，双手持握哑铃，张开手臂，屈肘，手臂平行于地面。

保持手臂姿势不动的情况下，后背挺直、屈膝深蹲至大腿与地面平行，然后还原，如此反复进行。

哑铃深蹲是一项能同时增强手臂和大腿力量的训练动作，做动作时注意动作要标准。

哑铃深蹲

半蹲哑铃飞鸟

双脚左右开立，双手持握哑铃，双臂自然置于体前，双手相对。

半蹲，双臂由体前分开至两臂左右侧平举，手臂与肩齐高、与地面平行。该动作有助于改善手臂力量、腿部力量与腰部力量。

半蹲哑铃飞鸟

哑铃直臂举

双脚左右开立，双手持握哑铃，双臂自然垂于体侧。

一只手臂保持不动，另一只手臂持握哑铃侧平举，臂与肩齐高、与地面水平。两手臂交替侧平举。

哑铃后举

双脚左右开立，双手共同持握一个哑铃。

双臂用力上举，手高过头顶，尽量直臂，然后再屈臂，将哑铃置于头后，还原。如此反复多次练习。

哑铃直臂举

哑铃后举

杠铃：力量训练的必备利器

杠铃是一种常见的健身器材，杠铃的重量可调节，根据增加杠铃片，可实现从几公斤到几十公斤的重量跨度，能满足不同训练水平的力量训练者的运动需求，而且使用方便，因此受到了很多参与力量训练的男性的欢迎。

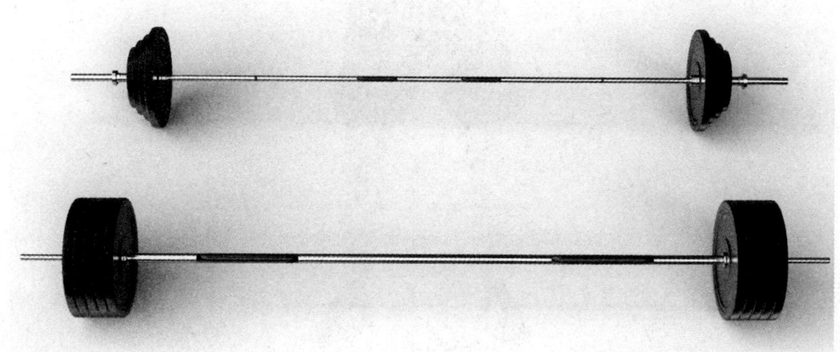

杠铃

借助杠铃参与力量训练，可以有效训练手臂力量，在做一些基础力量训练动作时以杠铃负重，则可以使全身很多部位的肌肉的力量得到锻炼。这里重点介绍以下几种常见杠铃（负重）训练动作，训练中，注意结合自身实际情况来确定杠铃的重量。

杠铃端举

双脚左右开立，双手手心向前端握杠铃，屈肘，双手平举杠铃至胸前位置，高与肩平，坚持数秒后放下，如此反复练习。

端举杠铃过程中，要始终保持腰背挺直。

杠铃端举

杠铃上举

双脚左右开立，双手肩上持握杠铃，手臂发力，双手向上高举杠铃，尽量直臂，坚持数秒后还原，可结合自己的情况多练习几次。

杠铃上举

杠铃深蹲

双脚左右开立，双手肩上扛握杠铃，后背挺直，保持上体动作不动，向下深蹲，根据自己的身体状况决定深蹲练习的次数。

杠铃深蹲

弓步杠铃推举

双脚前后开立，双手肩上扛握杠铃，后背挺直。

降低重心，弓步下蹲，前腿大腿与地面平行，后腿尽量绷直后伸，同时双手向上推举杠铃。

力量稍弱的人可屈臂举杠铃，后腿可稍弯曲。

弓步杠铃推举

杠铃卧推

平躺姿势下，杠铃置于胸前上方，双手手心向上持握杠铃，手臂发力，用力向上直臂推举杠铃，坚持数秒后，放下杠铃，可反复多次练习。

杠铃卧推

温馨提示

负重训练应量力而行

杠铃是一种重量调节跨度比较大的运动器械，有很多男性会在健身时急于求成而盲目增加杠铃的重量，致使在运动训练过程中因为难以承受负荷而受伤，这样的例子有很多。

在这里必须要提醒你的是，欲速则不达，身材管理应该是一个长期的、科学的过程。因此，无论你在任何时候参与运动健身健美训练，都要量力而行，切不可为了快速达成训练效果而盲目负重。

当你使用杠铃做负重训练时，可以循序渐进、多次少量地为杠铃加重，如果训练中你感到有些吃力，就要适可而止地停下来，千万不可逞能再继续挑战举起或端起更重的杠铃。

瑞士球：柔软但有力的支撑

各抒己见

你有没有借助瑞士球进行力量训练的经历？感受如何？

有很多男士认为，瑞士球是女性健美塑身的器械，于男子健身而言仿佛缺少了些阳刚之气，事实并非如此。

瑞士球可以为你提供必要的身体支撑，创造一个非常稳定的健身环境，结合瑞士球的力量练习能有效训练胸、腹、背、臀、腿等部位的肌肉力量，并能提高关节稳定性。

瑞士球，有时也被称为健身球、瑜伽球、体操球等，是一种用途广泛的常见健身器材。

与哑铃、杠铃不同，瑞士球并不主要作为负重器材，更多时候是帮助健身者在运动训练过程中支撑重心、维持平衡。瑞士球在提高身体核心力量的训练中经常出现。

瑞士球俯卧撑

俯卧姿势下，双脚置于瑞士球上，双手手掌扶地。双手之间的距离约与肩同宽，手臂弯曲做俯卧撑。

做动作的过程中，尽量保持身体呈一条直线，臀部不要翘起。

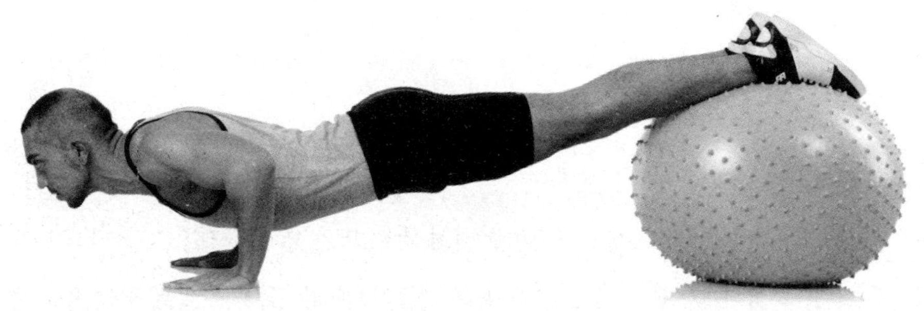

瑞士球俯卧撑

瑞士球挺身

仰卧姿势下，双脚置于瑞士球上，双手在背后用手掌扶地支撑，手指朝向脚的方向，臀部着地或稍离地。

腰腹发力，向上挺起身体至身体与地面接近水平。保持数秒后，腰腹放松，身体放下还原。如此反复练习。

瑞士球挺身

抱瑞士球侧板支撑

侧卧姿势下，一只手和一只脚支撑身体，保持直臂支撑，腰腹肌肉保持紧张，使整个身体呈一条直线，另一只手臂轻轻环抱瑞士球，使瑞士球停留在腰部，保持瑞士球不掉落。

抱瑞士球侧板支撑

剪刀腿举瑞士球

仰卧，双手自然置于身体两侧，两腿一前一后，双脚轻夹瑞士球，腿部发力，向上举腿至靠近上身的一条腿与地面垂直。

如果你想增加动作难度，可以双手扶托腰部，向上挺身成肩倒立姿势，双腿呈剪刀腿将瑞士球高高举起。

仰卧姿势剪刀腿举瑞士球

肩倒立姿势剪刀腿举瑞士球

斜躺瑞士球举腿

仰卧姿势下，上身斜躺在瑞士球上，双手抱头，双腿并拢伸直。

腰腹肌肉保持紧张，使身体呈一条直线，双腿交替向斜上直踢，注意保持直膝、绷脚尖。

斜躺瑞士球举腿

斜靠瑞士球举腿

仰卧姿势下，臀部着地，屈膝，双脚着地。背部挺直，向后斜靠在瑞士球上，瑞士球不完全支撑上身的重量，腰腹发力支撑身体。手臂在身体两侧自然摆放，手掌扶地，掌心向下。

身体重量由臀部、腰腹、瑞士球共同支撑，其中腰腹尽量承担大部分身体重量，让身体保持呈三角形。

保持上体斜靠姿势不动，双腿交替斜上举，或者双腿一起斜上举。反复多次练习。

斜靠瑞士球举腿

瑞士球支撑走步 / 踢腿

走步时，双手后撑瑞士球，身体不倚靠瑞士球，双脚交替原地走步蹬伸。

踢腿时，上身斜靠瑞士球，双手抱头，双脚交替快速向上踢腿。

瑞士球支撑走步 / 踢腿

瑞士球上举转腰

站立转腰时，两脚左右开立，双手直臂高举瑞士球，左右转腰。

瑞士球站立上举转腰

跪立转腰时，双膝跪撑，双膝间距约与肩同宽，双手直臂高举瑞士球过头，左右转腰。反复多次练习，以增强腰腹力量。

瑞士球跪立上举转腰

瑞士球单脚支撑

抱瑞士球，单脚支撑，做出一些平衡姿势，有助于增强腿部力量以及身体其他部位局部肌肉力量，还能有效增强你的平衡能力。

瑞士球单脚支撑

拉力器与弹力带

拉力器是男性进行力量训练的常用器械，目前，市场上和健身房中常见的拉力器主要有两种：拉力器（臂力器）和脚踏拉力器，其中拉力器（臂力器）最为常见。

利用拉力器进行力量训练时，训练的身体部位比较明确，训练方法也很简单，只需要手握手柄或脚踏脚蹬，用力拉或蹬踏即可。

弹力带（也称阻力带，本书将有弹性的带 / 绳均归类为弹力带）可以为力量训练增加阻力，这样在训练中就会动员更多的肌肉力量，让肌肉得到更多的训练，与徒手力量训练相比效果会更明显。

固定在健身装置上的弹力带阻力大、弹性强，能为男性参与力量训练提供足够的阻力。

当然，也有体型小巧的弹力带，可折叠、可随身携带，还可以与其他器材结合使用（在本章最后一节会详细介绍），因此是非常不错的力量训练器材。

牵拉拉力器

端坐在拉力器（臂力器）前，后背挺直，调整重量，用力向下拉动拉杆。

正在使用拉力器的人

牵拉弹力带向前俯冲

双脚开立，双手平举抓握拉环，用力俯冲身体，向前牵拉位于高处的弹力带，保持手臂平举状态。

牵拉弹力带蹲坐

牵拉位于高处的弹力带，向下蹲坐，可以深蹲，或交叉步蹲，或在蹲下时身后反手触地等，你可以结合自己的需求和喜好解锁多种动作方法。

牵拉弹力带向前俯冲

牵拉弹力带交叉步蹲

牵拉弹力带身后反手触地

牵拉弹力带跨步蹲

一腿支撑，另一腿的脚固定在位于高处的弹力带的一端，用力向下牵拉弹力带，使身体重心降低、固定在弹力带上的腿与地面平行，呈跨步蹲的姿势动作。

牵拉弹力带跨步蹲

牵拉弹力带屈膝跑

俯卧姿势下，双手直臂支撑，将一只脚固定在位于高处的弹力带的一端，用力向前做屈膝奔跑动作。

牵拉弹力带屈膝跑

其他器械的力量训练

目前，市场上的健身器材内容丰富、形式多样。在男性力量训练中，除了前文所提到的几种器材，腹肌轮、壶铃、仰卧起坐器的使用率也很高。

腹肌轮

壶铃

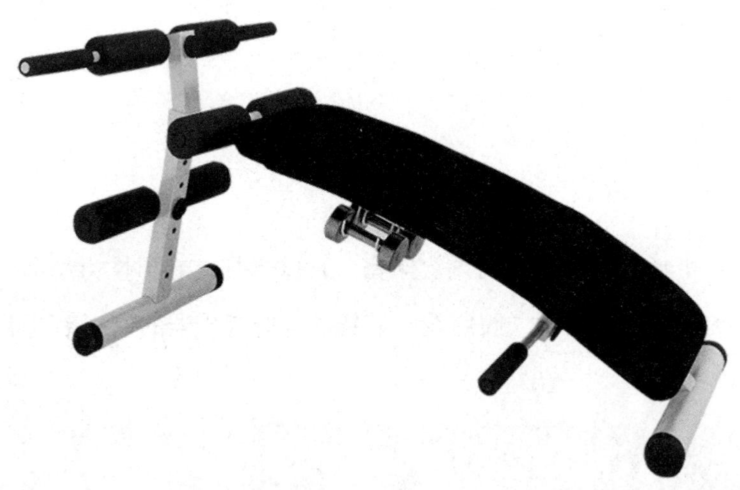

仰卧起坐器

接下来一起来认识一下如何利用腹肌轮、壶铃、仰卧起坐器（结合小型弹力带）来进行力量训练。

腹肌轮力量训练

通常，借助腹肌轮进行力量练习时，腹肌轮不作为像哑铃、杠铃那样的负重器材，而是为了增加力量训练的难度，以获得更好的训练效果。

利用腹肌轮进行腰腹力量训练时，动作方法有很多，这里介绍最简单的两种动作方法。

前后推拉腹肌轮：俯身，双脚前脚掌支撑或双膝支撑，双手分别持握腹肌轮的两个把手作为身体另外的一个支撑点，保持全身肌肉紧张，向前推动腹肌轮到最大限度，然后再收回还原。反复前、后推拉腹肌轮，注意臀部不要翘起。

腹肌轮俯卧撑

腹肌轮上做窄幅俯卧撑：俯卧，双脚并拢伸直，身体呈一条直线，直臂，双手分别持握腹肌轮的两个把手，屈臂至最大限度，降低上身重心，做俯卧撑练习。

壶铃力量训练

借助壶铃的力量训练动作方法多样，这里简单介绍几个基础动作。

壶铃平举：两脚自然开立，腰背挺直，单手或双手抓握壶铃，向前平举手臂，可分多组练习，一组平举 5～10 次。

壶铃平举

壶铃后举：两脚自然开立，腰背挺直，双手抓握壶铃，用力将壶铃高举过头顶，向后屈臂，反复多次练习。

壶铃后举

壶铃深蹲：两脚自然开立，腰背挺直，手臂自然置于体前，单手或双手抓握壶铃，做深蹲练习。深蹲时，注意臀部不要翘起，上体应平稳，垂直向下降低重心。

仰卧起坐器训练

◆ 仰卧起坐

仰卧于仰卧起坐器上，脚高手低，双手抱头，做仰卧起坐。

仰卧起坐

◆ 仰卧起坐器—拉力带结合训练

坐拉拉力带：坐在仰卧起坐器上，并将拉力带固定在仰卧起坐器的支撑杆上，固定双脚，身体后仰，挺直腰背，双手持握拉力带的把手用力向斜下方 / 斜上方拉动拉力带。

坐拉拉力带

站姿拉拉力带：站在仰卧起坐器的一端，将拉力带的中间部位固定在仰卧起坐器上，双手持握拉力带的把手用力垂直向上、斜向两侧拉动拉力带。

站姿拉拉力带

第六章

精选项目，让力量训练更有趣

平板支撑、深蹲、俯卧撑……这些都是经典的力量训练动作内容，但是长期重复同一个或几个动作，难免会觉得枯燥单调。

如果你也有类似的感受，那就选择一些更有趣、更有活力的运动项目，在具体的运动项目动作学练中提升力量，并由此更加喜欢力量训练！

搏击操、拳击、跆拳道都是能够提升男性力量的精选运动项目。如果你对这些充满魅力和让人热血沸腾的运动项目感兴趣，那么不要犹豫，快快参与进来吧！

搏击操，轻力量训练的首选

各抒己见

说到搏击，你可能会想到那充满力量与激情的格斗场景。但搏击操实则是一种操类运动，是有氧健美操的一种类型，其动作技术以及强度要求都比搏击项目低，更适合非专业运动员的运动爱好者学练。那么，搏击操与搏击有什么不同呢？

认识搏击操

搏击操并非是搏击，而是在健美操动作的基础上融合了拳击、空手道、自由搏击、跆拳道、太极拳等的基本动作，形成一种富有节奏感和力量感的健身项目。

而正是那些能够彰显男性魅力的动作与健美操动作的融合，才吸引了越来越多的男性参与到搏击健美操中。

搏击操是一项有氧运动，参与搏击操可以帮你减脂，还你健康的好身体；搏击操也并非真正的搏击对决，因而比较安全，适合大部分人练习；搏击操能够全面地调动全身各个部位进行活动，因此能有效提升你的综合力量。

做搏击操（高抬腿踏步动作）的男子

温馨提示

有氧搏击操学练别心急，这些事项要注意

有氧搏击操运动难度不大，但力量训练魅力不减，当你跃跃欲试准备参与训练时，不要心急，在练习搏击操动作之前，以下事项请你注意。

- 做搏击操之前要先做热身运动，尽量让身体流汗，之后充分伸展身体。
- 初学者要掌握好时间，一次不宜练习较长时间，也不可连续练习高强度的动作，可将低强度和高强度动作配合练习。
- 练习搏击操时应该找一处相对空旷的场地，以防踢腿等动作伤及他人。
- 在做各种动作时不要用力过猛，以免扭伤。

了解搏击操的基本动作

在你想跟随音乐正式练习搏击操之前，掌握一些基础的动作是必要的。只有打好基础，你才能真正感受到搏击操运动的魅力和活力，动作才能做得更到位，训练效果也才更突出。

搏击操基本动作主要有站姿、拳法、步法、腿法等。

◆ 站姿

搏击操的站姿来源于搏击项目，最常见的一般有两种，即防御站姿和格斗站姿。

防御站姿即两脚左右开立，两膝微屈，双臂屈于胸前，小臂垂直地面，双手握拳放在下颌处。

防御站姿

格斗站姿的手臂动作与防御站姿相同，不同的是两脚前后开立、双腿内扣、上身前倾，做出攻击的姿态。

◆ 拳法

拳法是搏击操运动中呈现力量感的动作，即握拳、手臂发力出拳。握拳

时四指并拢，自然向内卷握，大拇指内扣在其他四指的第二指节处。

拳法分不同的种类，常见的主要有直拳、刺拳、勾拳、摆拳等。

直拳

直拳是搏击操中常用的拳法，出拳时多采用格斗站姿。

直拳

直拳出拳时，要迅速而有力地击出，脚蹬地用力、腰部扭转发力和肩部发力要一气呵成。

做直拳动作时手臂不要过于伸直，打出到一定程度后要及时收回，以免用力过猛而受伤。

刺拳

刺拳是从直拳的基础上发展来的一种拳法，基本动作与出拳方式与直拳相同。此外，这种拳法要求你动作敏捷，出拳时手肘不伸直。

勾拳

勾拳要在曲臂的状态下进行，其站姿同直拳，但需要充分扭转你的腰部和胯部。

勾拳准备动作

以出右拳为例，出拳时，先将腰和胯向右侧扭动，使右臂降低位置，然后将腰部和髋部向左侧扭动，带动肩、手臂迅速出拳，出拳后手臂依旧保持弯曲。

勾拳动作过程中，注意扭腰、扭髋的同时，双膝内扣，右脚掌撑地、右腿蹬直发力，脚后跟稍微外旋。

摆拳

摆拳站姿与发力同直拳，手臂始终保持屈臂。

出拳之前，出拳一侧脚蹬地发力。出拳时，手臂由下至上摆动，带动手肘抬高，最后使小臂与地面平行，拳心向下。

摆拳时，当拳头摆动到身体中线位置时要及时收回，出拳不可过远，以免用力过猛而拉伤。

◆ 步法

搏击操的基本步法是一些在运动过程中移动、跳动和站立的方法，常见的有平行跳动和移动、前后跳动和移动、防守蹲姿与站姿等。

平行移动时，左右开立，身体前倾，两脚先后向左或向右移动，移动时双脚一直保持分开。

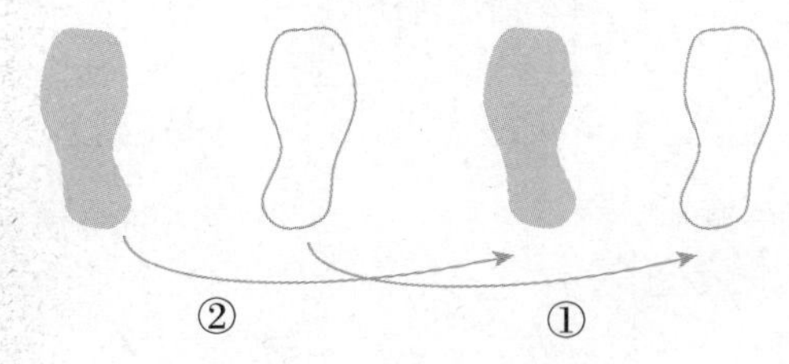

向右平行移动步法

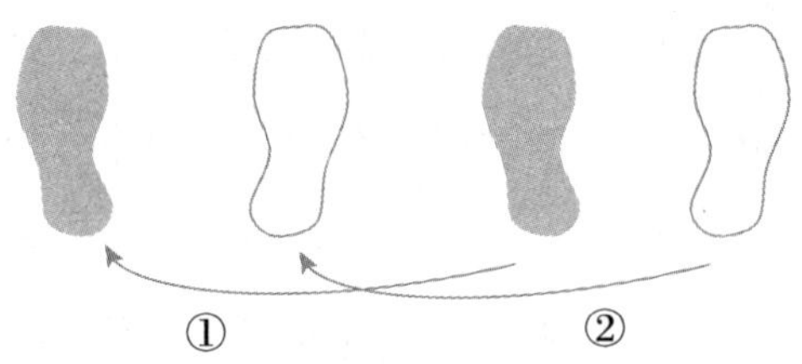

向左平行移动步法

平行跳动时，左右开立，身体前倾，微微抬起脚跟，两脚同时向左或向右跳动，跳动过程中双脚始终分开。

前后跳动时，先前后开立，稍微抬起后脚跟，后脚向前跳动，前脚向后跳动，两脚一直保持前后开立。

前后移动时，先前后开立，两脚前后向前或向后移动。

防守蹲时，前后开立、下蹲，双拳在头部上方做防守状。

防守站立时，做马步蹲姿势，双臂屈肘、握拳，一拳在脸前，一拳在体侧胸部位置。

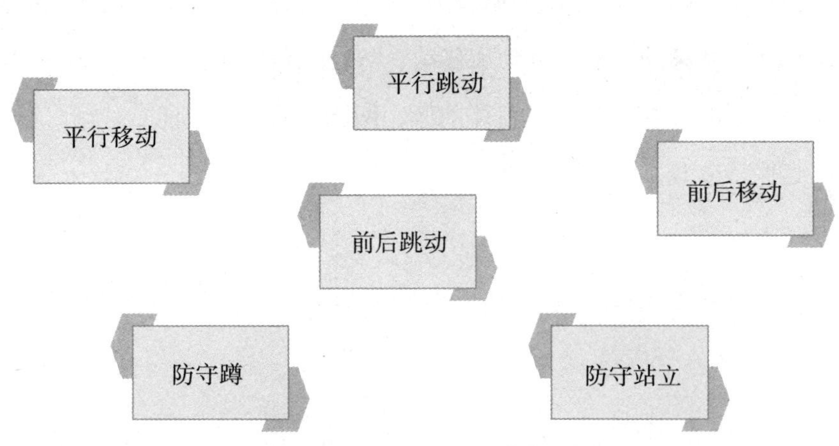

搏击操基本步法

◆ 腿法

搏击操的基本腿法丰富多样，常见的动作有前踢、后踢、侧踢、横踢等。

前踢

两脚前后开立，重心在后脚。

踢腿时，前脚向前抬起，小腿垂直地面，接着在膝盖的带动下，小腿迅速向前踢出。

前踢抬腿动作

前踢动作完成后，先收回小腿，呈抬腿状态，然后再还原。

前踢可分为高、中、低三种，高度越高动作越难做，你可以根据自己的情况来踢腿。

侧踢

左右开立，一腿支撑，一腿抬起。抬起腿大腿与小腿紧贴，大腿靠近上体，上身向踢腿反方向倾斜。

抬起腿向右侧或左侧蹬踢小腿，完成踢腿动作。

踢出腿小腿收回到抬腿状态后再还原。

侧踢抬腿动作

后踢

前后开立、屈膝，前脚向后撤，上身前倾。

后腿前收，使后腿大腿贴近胸部，然后发力向后蹬腿。

完成后踢后，先收回踢出腿小腿，回到抬腿状态，再还原。

横踢

前后开立，后脚向前一步，脚尖朝向侧面，作为支撑脚；前腿抬腿，作为踢出腿，抬腿动作同前踢。

踢出腿抬腿后，顺势向支撑脚一侧旋转，使膝盖朝向与支撑脚脚尖朝向相同，同时上身也向支撑脚脚尖方向侧转。

踢腿时，支撑脚脚跟抬起，踢出腿小腿横向踢腿，完成踢腿后收腿再还原。

搏击操的组合动作学练

当你掌握了一些搏击操的基本动作后，就要将它们连起来练习组合动作，这样训练效果才更好，以下为你推荐一些组合动作。

◆ 格斗站姿—直拳—勾拳

前后开立，左手左脚在前，右手右脚在后，后脚脚跟微微抬起。

跟着节奏，先打 8 次直拳，再打 4 次勾拳，以此为一组动作，按照自己的情况多练习几次。

注意在打直拳时速度稍快，同时注意回收动作与出拳动作的连贯性；打勾拳时速度稍慢，要充分扭转你的躯体。

◆ 格斗站姿—前后跳步—勾拳

前后开立，两脚后脚跟微微抬起。

跟随节奏，先左脚向前跳步，右脚向后跳步，前后交替跳 3 次后，左脚在前，左手做 2 次勾拳动作。

接着，右脚先向前跳、左脚紧随，左脚向后跳、右脚紧随，前后交替跳 3 次后，右脚在前，右手做 2 次勾拳动作。

以上动作为一组练习，可按照自己的状况多练习几组。

◆ 防御站姿—平行移步—侧踢

左右开立作为准备姿势，下面以右侧踢为例。

左脚向右移步，移到右脚的右后外侧，同时头部向右侧扭转，右脚抬起做侧踢动作。

侧踢完成后收回右腿，最后左脚左移，还原到防御站姿。

以上动作为一组练习，根据你的情况多练习几组。

拳击，锻造强有力的上肢

各抒己见

在拳击场上或者拳击沙袋前，迅速而用力地击打，既解压又能强身健体。

长期练习拳击，还能够让你变得灵活、机敏、有力，为你塑造力量十足的上肢。

那么，你知道什么是拳击吗？拳击的基本动作都有哪些呢？

认识拳击

拳击是一种格斗项目，以出拳打击对方为主要形式。练习拳击时都需要戴拳击手套。

根据项目性质或者参与人群的不同，拳击分为职业拳击和业余拳击。职业拳击是指运动员以拳击为职业，参加由经纪人或俱乐部安排的各种比赛。我们常常听到或看到的拳王争霸赛就是这类职业拳击比赛。业余拳击是指在奥运会中设置的或与奥运会相关的各类比赛项目，是所有拳击爱好者或运动员都可以参与的健身项目和竞技项目。

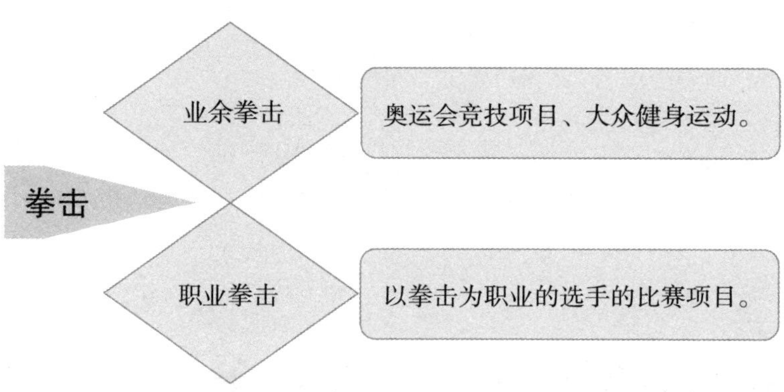

拳击的分类

健身房中用沙袋练习拳击的运动者

这里所提到的拳击力量训练，主要是指借助拳击运动中的一些技术动作来反复练习以增强身体力量（主要是手臂力量）的训练。

通过学练拳击动作来增强力量，你会有很多收获。例如，长期练习拳击可以提升你手臂的爆发力，即在最短时间里发挥最大的力量，也可以提升你身体的灵敏度和快速反应能力，还可以增强你的心理素质，培养顽强不息、百折不挠、临危不乱的品质。

学练拳击的一些基本技术动作

拳击的基本技术动作主要有准备姿势、步法、拳法和防守动作等。具体来看以下这些动作吧！

◆ 准备姿势

准备姿势是指在开始拳击动作前需要呈现的身体姿态和状态，要保持良好的精气神，具体来说，对头部、躯体、手臂、拳头、腿脚的动作以及神态表情等都有细节要求。

头部姿势：收下颌，微低头，前额朝向对手，双眼目视对手，牙齿相合。

躯体姿势：上身稍微前倾，双肩放松，转身时利用髋关节和腰部扭动。

手臂姿势：左臂弯曲约 90°，左拳护左腮；右臂弯曲小于 90°，右拳护右腮。

拳头姿势：手指自然握拳，不要握太紧，以免疲劳，出拳之前再瞬间握紧。

腿脚姿势：前后开立，双膝微屈，前腿膝盖弯曲程度大于后腿，重心在两足间。

神态表情：眼神高度集中，观察对手举动；面部肌肉放松，隐藏表情。

拳击准备姿势

◆ 步法

拳击的基本步法主要在闪躲和进攻的时候使用，主要有滑步、刺步、侧步、环绕步和撤步。

滑步

滑步在前后开立的基础上进行，有前滑步和后滑步。

前滑步时，后脚蹬地发力，前脚向前滑动大约一脚半的距离，后脚随后也向前滑动相同距离。

后滑步时，前脚蹬地发力，后脚向后滑动大约一脚半的距离，前脚随后也向后滑动相同距离。

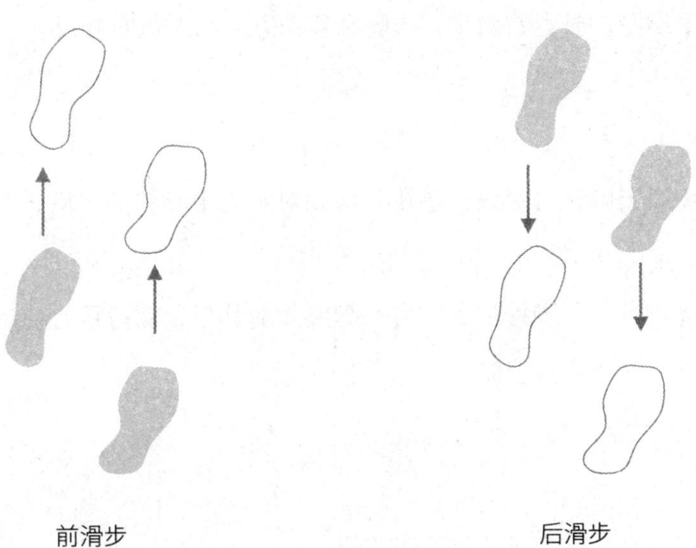

前滑步　　后滑步

刺步

刺步是一种用于进攻的步法，要求动作迅捷、灵敏，一般在抓住对方防守破绽的瞬间做出此动作。

刺步在前后开立的基础上进行。刺步时，重心落在后脚，后脚脚掌撑地，前脚迅速向前逼近一脚半的距离，后脚随后跟进相同距离。

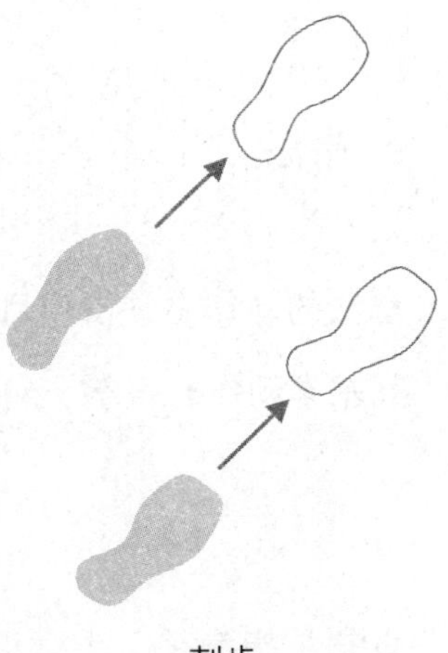

刺步

侧步

侧步是一种用于躲避攻击的步法，主要有左侧步和右侧步。

当对手出右拳时走左侧步。先将左脚向左移动一小步，右脚随后也移动一小步，站在对方右拳外侧。

当对手出左拳时走右侧步，出脚和移动方向与左侧步相反。

环绕步

环绕步用于围绕对手进行进攻，即以对手为中心，前、后、左、右移动的步法。

走环绕步时，一脚移动后，另一脚要紧随其后，保持重心稳定，同时保持攻防姿势，不可放松警惕。

撤步

撤步用于避开攻击或者重新调整位置。

撤步时，可以先向后退一步躲避进攻，如果对方乘胜追击，下一步就不能再向后撤步，而是需要向左或向右撤步。

◆ 拳法

拳法的动作是拳击项目中主要的攻击动作，也是练习手臂力量的主要动作，其基本动作有直拳、勾拳和摆拳。

直拳

直拳是指拳头、手臂沿直线向前打出的动作。直拳分为左直拳和右直

拳，一般左拳在前，右拳在后，因而叫作前直拳和后直拳。

打前直拳或左直拳时，上身微微前倾，重心在两脚间，右拳做防守状，护住右下颌和右肋骨。出拳时要迅速、用力，在滑步的同时出拳。当拳头接近攻击目标时内旋，拳心朝下。

后直拳或右直拳是在远距离攻击中应用较多的拳法。打拳时同样滑步前进，上身微微前倾，左手护左下颌和左肋骨。出拳时，后脚前脚掌撑地，脚跟稍稍外旋，拳头接近目标时内旋，拳心朝下。

后直拳

勾拳

当你与对手近距离格斗时，勾拳就比较实用。勾拳打出去后，手肘依旧保持弯曲，可分为后手勾拳和前手勾拳。

后手勾拳

打后手勾拳时，身体稍向右后侧转动，放低右肩、右手臂，对准对手下巴或腹部位置由下向上出拳，同时伸直后腿，后脚脚跟外旋、抬起发力。当拳头接近对手时外旋，拳心朝上。

打前手勾拳时，右脚上前一步，身体向左后侧转动，屈膝、沉左肩、放低左手臂，对准对手的下巴或腹部由下向上出拳，拳头接近目标后外旋，拳

心朝上，同时左腿伸直，左足前脚掌蹬地，后脚跟内旋。

摆拳

摆拳是一种出其不意的攻击动作，你可以假装出前（左）手摆拳，当对方向你的左侧躲避时，就迅速出后（右）手摆拳，对准对手的右腮部、头部或颈部击打。

前手摆拳

打后手摆拳时，右脚掌蹬地发力，腰部和髋部向左侧扭动，手臂由下往上摆动，带动手肘抬高，使小臂与地面平行，手肘弯曲角度大于90°，拳心向下。

打前手摆拳时，右脚上前一步，左腿蹬直发力，腰部和髋部向右侧扭动，左手臂由下往上摆动，带动手肘抬高，使小臂与地面平行，手肘弯曲角度大于 90°，拳心向下。

摆拳时，出拳不可超过身体中线，当到达中线时应快速收回，做防守姿势。

◆ 防守动作

进攻和防守动作需要相互配合，只有掌握了熟练的防守动作，才能更好地进行攻击。常用的防守动作技术有阻挡、拍挡、格挡、躲闪等。

阻挡

阻挡动作在近距离的格斗中使用较为方便，即用手、肘、臂、肩等不易受伤和产生疼痛的部位阻挡对手的拳头。

当远距离、较重的拳头击打来的时候，阻挡动作就不是理想的防守动作了。

拍挡

拍挡动作用于阻挡对手直拳，有同名手拍挡和异名手拍挡两种方式。

同名手拍挡是指用相同一侧的手拍挡对手相同一侧的拳，比如用右手拍挡对手右拳。

异名手拍挡是指用一侧手拍挡对手另一侧拳，比如用左手拍挡对手右拳。

格挡

格挡是指用手或前臂阻挡对手拳头的方法，常用于阻挡对手直拳、摆拳。

要做出格挡的动作，你首先需要有灵敏的反应能力和精准的判断能力。当对手拳头临近自己时，要准确地用手或臂将其拨开或者格挡开。

闪躲

闪躲动作是拳击项目中最常用的防守动作，同时也是一种非常高效、高级的防守方式，因为闪躲不仅可以保护自身，还可以消耗对手的体力。

闪躲动作分为侧闪、后闪和下闪三种。

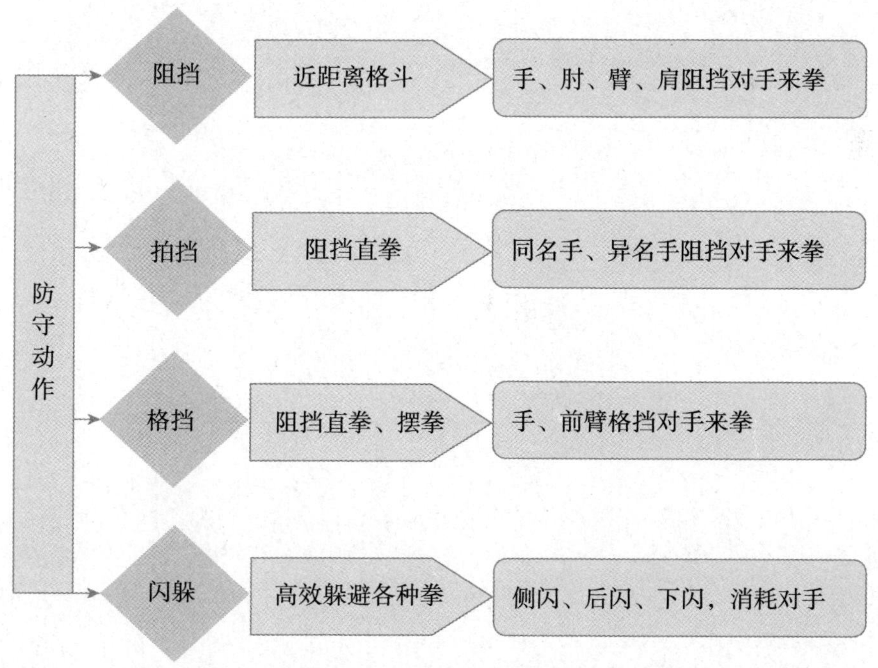

防守动作及其方式与作用

侧闪是指向左侧或者右侧闪躲。左侧闪是闪躲对手的右拳，右侧闪即闪躲对手的左拳，闪躲位置在对手拳的外侧。

后闪时尽量不动脚步，可将身体后仰躲避对手拳头。当对手来拳较为凶猛时可向后退一步，再次闪躲时就不可再后退，而要向侧方闪躲，因为再退会使你后方空间狭小，陷入被动。

下闪用于闪躲对手的直拳和摆拳。当对手来拳时，迅速屈膝、低头、含胸，两拳护住下颌，从对手手臂内侧移动到外侧，使对手击空。

跆拳道，增强腿部力量

跆拳道被人们称作“踢的艺术”，是一种用旋转的脚或者拳来进行格斗的体育运动，练习跆拳道对于我们进行力量训练，尤其是腿部的力量训练大有裨益。

腿部热身准备

在进行跆拳道练习之前，首先要做好腿部的热身运动，以免剧烈的运动造成腿部肌肉拉伤。

◆ 弓步压腿

弓步压腿的热身动作可以将你双腿的筋骨拉伸开来。

首先拉伸右腿，保持上身直立，先将左腿前伸并屈膝，右腿则后退并伸直。紧接着，你需要用双手按住左腿，让上身不断往下，直至胸部与左腿膝盖相贴，同时往下压右腿，使右腿的肌肉得到充分伸展。拉伸左腿的动作与右腿相同。

◆ 侧压腿

侧压腿的热身动作可以帮助你将双腿内侧的韧带充分地拉伸开，避免腿部肌肉拉伤。

以压右腿为例，上半身同样要保持直立，下半身蹲下，重心落在左腿上，左腿屈膝并用手撑着膝盖，脚掌着地。同时，右腿伸直，着地点为脚的内侧，尽量拉伸右腿韧带。压左腿的动作与压右腿动作相同，方向相反。

压腿热身

熟悉基本站姿

要想灵活运用跆拳道的技术动作，基本的站姿一定要掌握。

在跆拳道运动中，你要将身体呈 45° 斜向前方站立，这样就可以在一定程度上保护自己身体的一些要害部位。双脚前后站立，若左脚在前，为左势防守姿势，若右脚在前，则为右势防守姿势。站立时，双脚分开宽度大致与肩同宽。

双手握成拳，如果是左势，那么要将左拳放在身前，大致与肩膀同一高度，右拳则置于下颚附近，用以保护下颚。如果是右势，那么左右拳的位置相反。

站立时，要将后面的脚跟微微抬起，但是不离开地面，两腿膝盖微屈，重心在腿部。

腿部力量练习

跆拳道的腿部动作灵活多变、充满力量，掌握跆拳道的各种腿法动作，能够有效增强你的腿部力量。

◆ 前踢动作

前踢是跆拳道中的一个基本腿法动作，做前踢动作时，你需要快速屈伸你的膝关节，使膝关节周围的肌肉得到很好的锻炼。

做前踢动作时，首先要做好预备姿势，即左势或右势站立。在左势的情况下，整个身体的重心落在左腿，身体稍向左转，右腿迅速提起，并绷直脚背。

紧接着，腰部支撑上体前倾，右腿抬起至与地面平行，小腿向前弹出，用脚背来击打目标。

右势站立时与左势动作相同，方向相反。

◆ 侧踢动作

做侧踢动作前，仍然是要呈防守姿势站好。

在左势的情况下，抬起右腿膝盖，将膝盖扭转至身体左侧，小腿垂直指向目标，脚尖往后勾起。从腰部发力，右腿直指目标，此时力量集中在脚后跟。

侧踢

◆ 横踢动作

横踢与前踢的动作有相似之处，也是跆拳道中的一个基本腿法动作。不同的是，前踢时目标在前上方，而横踢时目标是从前上方转为对手的腹部。

首先做好左势或右势的准备姿势，在右势的情况下，身体重心落在右腿上，以右脚为轴，使右脚内旋，同时提起左腿，膝盖弯曲，右转，使身体向后。

紧接着，蹬直左腿，用脚掌攻击对手，完成横踢动作。

左势站立时与右势动作相同，方向相反。

◆ 勾踢动作

勾踢，又叫作侧摆踢，踢腿时目标指向对手的头部尤其是面部位置。

首先呈防守姿势站立，在左势的情况下，右脚蹬地，将身体重心落在左脚上，借助左腿力量，屈膝提起右腿，左脚跟向内旋转约 180°，右腿膝关节上提，向前上踢出，完成勾踢动作。

◆ 推踢动作

推踢的动作迅速而有力，对于腿部力量的塑造很有帮助。

首先呈防守姿势站立，在左势的情况下，先将右腿抬起，注意在抬起时夹紧膝盖，左脚向外旋转 90° 左右，此时上身微微向后仰，右腿迅速向前踢出，力量集中于脚掌。

◆ 下劈腿动作

首先呈防守姿势站立，在左势的情况下，身体重心落在右脚上，左腿膝盖弯曲抬起，脚踝抬高至头顶，注意放松腿部肌肉。

左腿继续上抬，直至脚掌高过头顶，膝盖与上身相贴，此时迅速将左腿向前下方劈下，力量直达脚掌，完成下劈腿动作。

下劈腿动作

◆ 双飞踢动作

首先呈防守姿势站立，在左势的情况下，右脚向前一步，并迅速将左腿屈膝上抬，同时向前做横踢动作。

在左腿将要完成横踢动作时，紧接着换右脚做横踢动作，完成双飞踢。

这里需要注意的是，在左腿（右腿）进行横踢动作时，右腿（左腿）需要在原地蹬地跳起，随后开始横踢动作。

左右腿进行横踢动作交换时，要先扭转腰部，使身体略向后倾斜，注意保证双飞踢动作的连贯性。

◆ 后踢动作

首先呈防守姿势站立，在左势的情况下，身体重心落在左脚，右脚蹬地，并向内旋转，同时左脚向外旋转。紧接着迅速将右腿笔直往后踢，力量直达脚跟，此时上身倾斜，右肩稍稍往下沉。

◆ 后旋踢动作

首先呈防守姿势站立，在左势的情况下，左脚向内旋转 90° 左右，左膝弯曲，背向对方，右脚蹬地抬起，依靠腰部的力量使身体向右后方转动，右腿则顺势伸直踢腿，力量集中在脚上。

◆ 旋风踢动作

旋风踢，又叫后转体横踢，这个腿法动作不仅灵活有力，而且姿势优美，观赏性极强。

首先呈防守姿势站好，在左势的情况下，先将身体以左腿为轴，向左后方旋转 180°，稍停后又继续向后旋转 180°，右腿膝盖弯曲提起，接着以左腿蹬地向上起跳，在身体落地之前将左腿上提，并迅速横踢，完成后转体横踢动作。

腿法组合练习

跆拳道腿法讲究快速、精准，如果能将腿法进行组合，一个接一个地使出，则更能体现你的技术功底，增强你的腿部力量。

◆ 左前踢—右前踢

在右势的情况下，首先将左腿迅速向正前方踢出，使出左前踢动作。在这一过程中要注意将脚尖朝上，身体顺势往后倾斜，右腿膝盖弯曲以稳住重心。

完成左前踢动作后，迅速将左腿收回，此时左腿在前，右腿在后，呈左势状态。右腿立即向正前方踢出，同样是脚尖朝上，身体稍向后倾斜，重心落在左腿。

完成右前踢动作后，右脚也要迅速收回，站姿恢复到最初的右势姿势，右腿在前，左腿在后。

◆ 左横踢—右横踢

在右势的情况下，先将左腿往上抬起，同时身体稍向右转，使左腿膝盖朝右，使出左横踢动作，注意保持身体平稳。

左横踢动作完成后，迅速将左腿收回并后撤，此时左脚在后，右脚在前，恢复到最初的右势姿势。

紧接着，以左脚蹬地，身体稍向左转，右脚先是后退，然后上抬，借助身体转势迅速使出右横踢动作。动作完成后，收回右腿，恢复到右势姿势，身体重心落在右脚。

◆ 左横踢—右下劈

在右势的情况下，上身稍向右转，左腿抬起，膝盖朝右，迅速使出左横踢动作。动作完成后，收回左腿，此时左腿在前，右腿在后，变成左势姿势站好。

紧接着迅速抬起右腿，脚尖上勾，使出右下劈动作，要注意在这一过程中，你要将之前紧握的双拳稍稍松开，并置于左右面部附近，左脚脚跟抬起，身体重心落在左脚前端。完成右下劈动作后，将右腿放回身体后侧，恢复到左势站立姿势。

踢靶练习

在熟悉了基本的腿法及腿法组合动作之后，你还可以尝试进行一些简单的踢靶练习，进一步锻炼你的腿部力量。踢靶的动作练习需要你和你的同伴配合进行。

◆ 双飞踢靶

首先，需要让你的同伴两手各拿一个靶子，左手上的靶子放在腹部，右手上的放在胸前，靶面倾斜，大致与水平面呈 15° ～45° 角，只握住靶柄的前端部位。

你和同伴分别呈左势状态面对面站立，这时你抬起右腿，使出横踢动作踢同伴右手靶子的靶心。与此同时，以左脚蹬地跳起，直接将右靶击落，同伴迅速换左手上的靶子置于胸前。

当你的右脚落地后，身体重心要落在右脚，以右脚蹬地，用左腿迅速横踢同伴左手上的靶子，踢中靶心后迅速收回左腿，左腿在前，右腿在后，恢复到开始的左势姿势。

◆ 下劈踢靶

在进行下劈踢靶动作时，同伴将靶子置于与自己的头部一样高的位置，同时需将靶柄朝上，靶面朝下，握住靶子，靶面与水平面依然是呈约 15° ～45° 角。

你和同伴分别呈右势状态面对面站立，这时你要将身体重心落在右脚上，提起左腿，脚尖朝上，从上往下劈同伴手中的靶子，击中目标后迅速收回左腿，恢复右势姿势。

◆ 旋风踢踢靶

在进行旋风踢踢靶动作时，同伴两手各拿一个靶子，两个靶子之间大概隔开 10～25 厘米的距离，靶面相对，靶柄呈 45° 左右的角。

你和同伴分别呈右势状态面对面站立，这时你将身体左转一周，抬起左腿，紧接着右腿蹬地并腾空跳起，落地后迅速用右腿使出横踢动作，目标直指靶心。

踢靶动作完成后，迅速恢复到右势状态。

第七章

计划与安全，力量训练也能私人定制

埋头苦干未必能心想事成。力量训练也是如此。学会制订科学的训练计划，懂得保证自己的安全，都是一个真正的健身达人所要习得的知识。

在计划中完成任务，让你的训练少走弯路。

有计划地进行训练，助你稳妥地达成目标。

熟练掌握安全知识，能让你避免运动损伤、懂得如何更好地进行康复训练。要想达到训练目标，就要认真学习运动安全知识，并制订合理的运动计划。如此，身材管理才会变得更加容易。

力量训练入门计划

各抒己见

一些人第一次走进健身房时被琳琅满目的健身器械吸引，于是开始尝试各种器械，且心中暗想："如果我每天都进来练练，肯定能有结实的肌肉"。但是，一段时间后，他们并没有练出自己想要的肌肉状态。训练之前结合自身情况做好运动训练计划十分重要，如此才能事半功倍。那么，究竟该如何制订适合自己的力量训练计划呢？

制订计划前要全面考虑各种因素

◆ 长期训练计划

如果要制订一个长期的力量训练计划，必须考虑到两大因素：一是明确力量训练的目的；二是注意季节带来的气温变化。

冬季运动注意及时增减衣物

夏季运动注意防晒、防中暑

有了明确的目标才能以其为依据安排具体的训练。不论你要训练腹肌、胸肌还是肱二头肌，或是腿部肌肉等，不同的训练要采取不同的训练方法。比如，如果锻炼腹肌，可以针对腹部做一些训练。

如果平时不想在健身房也不想在家里做力量训练，那必须考虑到季节的因素。

具体来说，不同季节适合选择不同的训练方式，而且不同季节要做好相应的热身活动，注意增减衣服。比如，春季可以选择跳绳锻炼臂力；夏季训练后要注意补充水分，也可以配合慢跑、游泳等运动进行力量训练。

◆ 单次训练计划

单次的训练计划其实就是长期计划的一个部分，但这并不意味着它不重要，因为只有认真对待每一次训练，你才能逐渐练就完美身材。

- 做好训练前的准备活动和训练后的拉伸。
- 明确目标肌群，多练大肌群和复合动作。
- 保证足够的训练时间，每周至少三次，每次 60～90 分钟。
- 逐渐增加训练强度。
- 一次锻炼一个或几个肌群后要休息一段时间再锻炼这些肌群。及时消除身体的疲劳感，顺利进入下一阶段的训练。
- 配合有氧运动。
- 锻炼前后注意营养的补充。
- 不熬夜，保证睡眠。

明确训练计划的内容

力量训练计划可以按照时间的长短分为不同周期的计划，可以专门制订某一阶段的计划，也可以制订某一星期的训练计划。这里分别说一说在制订不同周期的力量训练计划时应该涵盖的内容。

◆ 阶段训练计划

在制订阶段性的力量训练计划时，要注意至少包含以下内容。

- 明确这一阶段的训练时长，比如半年或者一个季度 。
- 明确训练的任务与要求，如要训练哪个部分的力量，要达到怎样的状态。
- 确定训练的内容与方式，结合自己的喜好与特长，考虑季节因素，选出合适的训练方式。
- 确定训练的具体时间，如制定好课表，明确在什么时间进行什么训练。
- 明确检查措施，以了解这一阶段是否认真履行了训练计划。

某阶段的训练计划

◆ 周训练计划

一份较为完整的周训练计划应该明确以下内容。

- 明确一周的训练任务与要求，如以发展腹部、背部或手臂等力量为主，清楚要学习的相关训练知识。
- 确定本周的训练次数及时间。
- 安排好一周中每次训练的内容。
- 检查本周的训练，如写训练日记。

运动新手的力量训练计划

如果对于制订力量训练计划你还是没有头绪，不妨参照以下计划表，结合自身情况进行合理、科学的力量训练。

表 7-1　运动新手的力量训练计划

一周计划	安排	训练方式及时长
星期一	力量训练	热身（10 分钟）+ 正式训练（60 分钟）+ 拉伸（10 分钟）
星期二	有氧运动	如跑、单车、游泳等，1 小时左右
星期三	休息	补充睡眠、按摩、沐浴等
星期四	力量训练	热身（10 分钟）+ 正式训练（60 分钟）+ 拉伸（10 分钟）
星期五	有氧运动	如跑、单车、游泳等，1 小时左右
星期六	休息	
星期日	休息	

需要特别提醒你的是，这个计划只可作为参照，不可全部照搬，毕竟每

个人的身体素质及条件都有差异。

如果你没有能力制订一个全面的计划，可以找专业的健身教练或者听取一些健身达人的意见，这样能让你的计划更有执行力，不会沦为一张废纸。

对于正式的力量训练，这里要具体地说一说了。

每次训练可以重点训练两个部位，通常是一个大肌群再加一个小肌群。比如，某一天可以重点练胸肌与肱三头肌，隔两天再做其他部位的训练。

因为是健身新手，所以运动的强度不宜太大。起初可以做一些简单的如俯卧撑 + 卷腹、深蹲 + 仰卧起坐、引体向上 + 慢跑等训练，待能轻松完成这些训练后就可以增加难度，如杠铃、哑铃推举等。

训练的计划不是制订完就再也不能做任何改动的，因为在训练过程中更容易发现一些问题，所以适时调整计划也是很有必要的。当然，在执行计划时也不要因为一时想偷懒而有意避开或者不认真对待某时段的训练，否则你费大功夫制订的计划也就失去了价值。

从新手到高手，训练计划升级

各抒己见

锻炼一段时间后，你会发现自己的训练计划即将达成，也终于有机会从健身菜鸟转型为真正的健身达人，但此时对待训练计划的严谨态度不能变。要知道，做好计划其实就是在为成功之路描绘蓝图。为了顺利晋级，荣升为健身高手，在前一段时间的训练基础上，又该怎样制订训练计划呢？

运动达人也需要制订科学的训练计划

经过一段时间的训练你的力量素质已经有了巨大提升，可以准备进入下一阶段的训练，但在训练之前同样需要制订一个科学的计划。

与入门计划一样，升级的训练计划的制订同样也要考虑到很多重要因素，并将这些内容纳入计划中。

与入门计划不同的是，升级训练的计划需要增加一定的训练强度和难度。

科学的力量训练计划不但可以进一步增大肌肉的体积、增强肌肉的力量与爆发力，也可以帮你规划好时间，避免盲目训练。

因为这一阶段的训练需要有一定强度，所以可以尽可能地走进健身房运用专业的器械对身体肌肉进行训练。

成为一个力量达人的训练计划

如果你想成为一个真正的“重量级人物”，那就得制订一个科学的计划。科学的训练计划要依据自身的兴趣、力量素质水平，考虑不同身体部位所能选择的训练方式，确保训练的频率与强度对自己有一定压力，但可以慢慢适应和超越。

表 7–2 力量达人的训练计划

一周计划	训练部位	训练方式及组数	器械重量
星期一	胸部与肱三头肌	哑铃卧推（一组 20 个，共三组）+ 平板飞鸟俯卧撑（一组 12 个，共两组）+ 哑铃颈后臂屈伸（一组 20 个，共三组）+ 哑铃俯身臂屈伸（一组 20 个，共三组）+ 卧式臂屈伸（一组 15 个，共三组）	5 千克
星期二	休息		
星期三	背部与肱二头肌	单吊下拉（一组 20 个，共三组）+ 俯身哑铃划船（一组 15 个，共三组）+ 坐姿划船（一组 15 个，共三组）+ 交替哑铃弯举（一组 20 个，共三组）+ 俯卧上斜弯举（一组 20 个，共三组）+ 哑铃集中弯举（一组 15 个，共三组）	10 千克

（续）

一周计划	训练部位	训练方式及组数	器械重量
星期四	休息或有氧运动		
星期五	肩部	直立侧平举（一组15个，共四组）+阿诺德推举（一组15个，共四组）+直立哑铃划船（一组15个，共四组）	5千克
星期六	休息		
星期日	大腿与小腿的肌肉	杠铃深蹲（一组15个，共做四组）+哑铃弓箭步（一组12个，共做四组）+哑铃负重提踵（一组30个，共做四组）	10千克

无须完全照搬这个训练计划，你可以根据自身的状况做一定的调整。

温馨提示

正视力量训练的平台期

训练的平台期指身体中的保护机制发挥了作用，即便你的运动方式、饮食、作息都没问题，也感觉不到身体状态发生的良好变化，甚至可能出现下滑。

当你的肌肉有所增大，心率、心脏的造血功能、新陈代谢、体温等随之改变和适应，此时身体就会进入一种自我保护的阶段。

训练的平台期可能会发生在两个阶段，第一个阶段是运动新手在系统训练的半年至一年内，第二个阶段就是在多年训练之后。

一旦发现自己可能迎来了训练的平台期，不要急，可以通过以下方法顺利地度过。

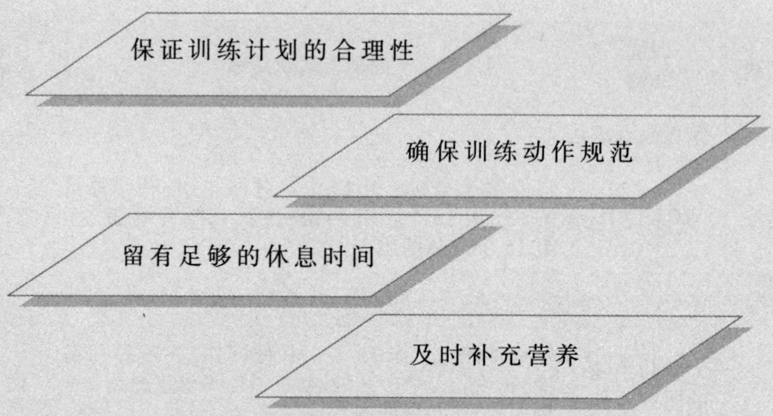

保证训练计划的合理性

确保训练动作规范

留有足够的休息时间

及时补充营养

度过训练平台期的方法

力量训练中受伤了怎么办

哪些原因容易让你在力量训练中受伤

在力量训练过程中，你可能会因为一些客观原因而受伤，也可能因为一些主观原因而受伤，或者二者均有。

- 对受伤没有足够的认识，如没有警惕性、没做好热身等准备工作。
- 运动水平较差，对很多训练项目不熟练。
- 情绪不稳，注意力不集中。

力量训练中受伤的常见主观原因

人体某些部位当遭受超负荷的重力时是很容易受伤的，如指腕关节、膝踝关节等。

训练计划完全超过了自己的力量素质水平。

训练场地及环境不适宜，如地面不平坦、器械问题、气温过高或过低等。

装备不专业，如衣服太宽松、太紧或鞋底太滑等。

力量训练中受伤的常见客观原因

教你几个常见的损伤处理方法

◆ 肌肉拉伤

在力量训练中，肌肉拉伤是比较常见的损伤。通常，如果训练之前的热身做得不到位就容易在训练过程中不能协调地做一些动作，从而造成肌肉的拉伤。

肌肉拉伤会表现出明显的症状。

受伤部位有淤血、肿胀，有明显疼痛，还伴有肌肉紧张、僵硬。

如果肌肉有断裂，用手能摸到凹陷或出现一端过于膨大。

主动收缩或被动牵拉肌肉时，疼痛明显，肢体有功能障碍。

肌肉拉伤的主要表现

如果意识到可能发生了肌肉拉伤，此时应该先冷静一下，根据伤势的轻重决定先做什么。

轻微的拉伤，经过判断确定是细微的损伤或者少量肌纤维的撕裂，那么可以先对伤处进行冷敷。

冷敷后，对伤处做加压包扎，将患处抬高。伤后的24~48小时后可以做一些理疗和按摩，以促进恢复。

如果损伤严重，应一边找有经验的人士对自己进行加压包扎并固定患处，一边紧急赶赴医院。

肌肉拉伤的处理方法

◆ 肌肉痉挛

在做一些如举重、长跑等强度较大、时间较长的训练时，是最容易发生肌肉痉挛的。肌肉痉挛往往是因为人体在运动时大量出汗而发生电解质失衡、肌肉收缩舒张失调、外部冷刺激等原因导致的。

发生肌肉痉挛最明显的症状就是剧烈疼痛，具体肌肉变硬，可能会持续几分钟，缓解后还可能复发。

如果在训练中发生肌肉痉挛，可以采取三种处理方法。

症状较轻时，只需向相反的方向做牵引。注意，牵引时用力要缓慢且均匀；注意痉挛部位要保暖 。

症状不容乐观时，可以施以牵引并配合局部按摩，找到发生痉挛的肌肉的穴位进行按压、揉捏或点掐，直到恢复正常。

症状非常严重时，做简单的牵拉、按摩已经无效，应及时寻求医生的帮助。

肌肉痉挛的处理方法

◆ 肘关节脱位

肘关节脱位其实就是肘关节脱臼。当肘部遭到外力作用，使关节与关节之间无法正常连接，就说明可能发生了肘关节脱位。肘关节脱位的主要症状是，

关节周围有明显的肿胀、疼痛，功能障碍，关节畸形，甚至可能造成休克。

相对来说，肘关节脱位是比较严重的损伤。因此，一旦感觉自己的肘关节或者其他关节发生脱位，应该抓紧进行急救，以免造成更严重的后果。

可局部麻醉降温，绷带包扎，固定患处，冰敷。

受伤24小时后进行握拳、转肩等练习，以促进血液循环、促进消肿。拆除固定托板后，坚持伸屈、转动，防止关节粘连。

肘关节脱位的处理方法

◆ 膝关节损伤

膝关节损伤是发生概率很高的一种损伤。膝关节损伤的典型表现是膝内侧剧痛，有明显的压痛点，还可能伴有半腱肌、半膜肌的痉挛。

如果损伤较轻，可以先用弹力绷带做“8”字形的压迫包扎，然后冰袋冷敷。处理好之后，可以根据具体情况决定是否继续训练。

如果损伤较重，必须先进行压迫包扎，再进行冷敷，并用夹板固定住伤处，尽快就医。

膝关节损伤的处理方法

◆ 腰部损伤

急性的腰部损伤主要有肌肉、韧带损伤、关节扭伤等，大部分发生在腰骶部与骶髂关节。在力量训练过程中，提起重物的动作最容易造成腰部损伤。

急性腰部损伤的典型症状有局部明显压痛点、伤处有变形、弯腰时疼痛、肌肉痉挛等。损伤会影响正常的行走，坐着时无法自如地活动和弯曲。

可平卧休息，冷敷。

24小时后试着活动腰部，再对腰部进行按摩。

腰部损伤的处理方法

温馨提示

提前学会运动损伤的急救原则——“RICE”

任何运动都会发生不可避免的损伤，不管是你自己还是身边的队友，一旦发生损伤，你首先应该想到的是“RICE”处理原则。

表 7–3 运动损伤“RICE”处理

处理步骤	全称	代表意思
R	Rest	休息
I	Ice	冰敷
C	Compress	加压包扎
E	Elevate	抬高伤肢

一旦发生损伤，首先应该让受伤部位休息一下，不可做过多的活动。

安静下来，找到一个冰袋或可代替冰袋的物品对受伤部位进行冷敷，缓解肿胀和疼痛。

待伤处没那么疼痛时，可以在伤处先垫上一块较厚的棉花，然后用绷带包好。

包好的伤肢要尽量抬高。接下来就要想办法前往医院，由医生进行下一步的处置。

特殊人群如何开展力量训练

各抒己见

任何时候，都应科学参与力量训练，千万不可因为一时的心急，毫不顾忌地尝试一些挑战身体极限的训练。特别是一些身体不太好的特殊人群，在选择训练方式之前一定要考虑到是否适合自己。那么，你知道特殊人群要如何开展力量训练吗?

糖尿病患者的力量训练

糖尿病主要是由胰岛素分泌缺陷或者其生物作用受损而引发的。糖尿病患者如果不重视控制血糖将会造成身体各组织受损，如眼、肾脏、血管、神经等。

糖尿病患者检测血糖

糖尿病患者在参与力量训练前，应咨询专业医生和教练的建议和意见。

作为特殊人群，糖尿病患者要懂得根据自身的身体状况，找到适合自己的运动量和感兴趣的训练方式。

如果你的糖尿病程度还不是特别严重，可以尝试各种力量训练。这种情况下你可以选择自己喜欢的且能长期坚持的训练方式，如平板支撑、仰卧起坐、卷腹等，但注意运动量不要太大，不要空腹参与运动。

高血压患者的力量训练

高血压是一种慢性病，也是诱发心脑血管病的主要因素。高血压的病因有很多，如遗传、年龄增长、长期焦虑与紧张，有过度饮酒、吸烟等不良行为习惯。

高血压除了可以通过药物治疗或者通过饮食和生活作息等进行调整外，也可以通过力量训练进行控制。通过力量训练，降低体重，有助于降低血压。

在参与力量训练时，高血压患者要避免一些如下蹲、摇头等幅度较大的、需突然用力的动作。

肥胖者的力量训练

肥胖者体重大、脂肪含量多。大多数肥胖者得肥胖症的一个原因是先天性遗传，另一个重要原因就是平时缺乏运动、暴饮暴食、作息不规律。当然，也有一部分肥胖者是因为服用过激素类的药物或者患有其他疾病。

要相信，每个胖子都是一个潜力股。

科学的力量训练能帮助你摆脱肥胖，恢复健美身材。

肥胖者做有氧运动可能会比较吃力，所以可以选择慢跑、快走等。肥胖人士最大的优势就是力量大，所以做一些力量训练相对比较轻松，如举重、拳击等运动。

肥胖者在进行力量训练时，应该尽量让训练涉及身体的 6～10 个部位。每天训练 2～3 组，每周进行 2～3 次。肥胖者每天的训练时长应该比一般的特殊人群长一些，推荐 60～90 分钟为宜。当然，在训练初期，训练时间可以稍微短一些，循序渐进地延长训练时间即可。

一些实用的康复训练

什么是康复训练

康复训练是指在发生损伤之后进行的利于改善或修复机体功能的活动。实际上，除了一些极其严重的损伤需要专门治疗和卧床休息外，其他一些损伤不需要完全停止运动的。科学的训练可以促进损伤的愈合和恢复。

上肢康复训练方法

◆ 肩部康复训练

肩关节的拉伸如屈曲、伸展、外展及内收等，对改善肩部的柔韧性和肌肉紧张非常有效。

以肩关节侧向拉伸为例，具体训练方法如下。

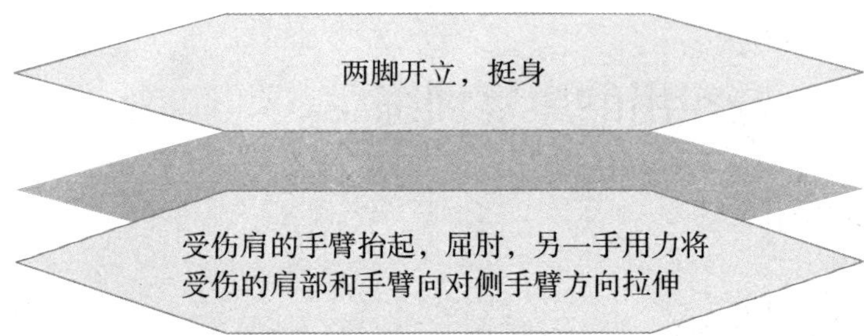

肩关节向侧拉伸的动作方法

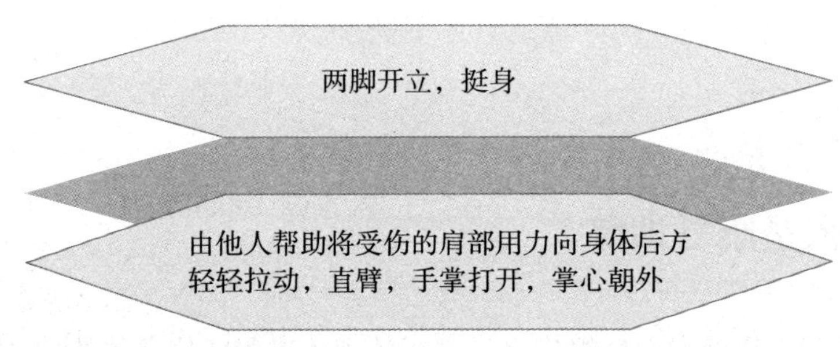

肩关节向后侧拉伸的动作方法

要想恢复肩部的肌肉力量，还可以尝试通过负重或拉弹力带的方式进行康复训练。注意在尝试这样的训练时要控制好节奏和力度，避免二次受伤。

◆ 肘部、腕部及手的康复训练

肘部、腕部及手的柔韧性的恢复也可以通过拉伸来完成，而力量的恢复则可以采用负重训练的方式来进行。

站立或者坐在椅子上

受伤的手腕朝身体前方伸直，握拳，手背朝上，手臂不动，腕部试着向四周转动且有牵拉的感觉

单手腕部拉伸的动作方法

如果觉得单手腕部拉伸的恢复效果并不明显，可以尝试双手拉伸。双手彼此挤压的过程可以互相感知力度是否合适，也能根据情况增加难度。

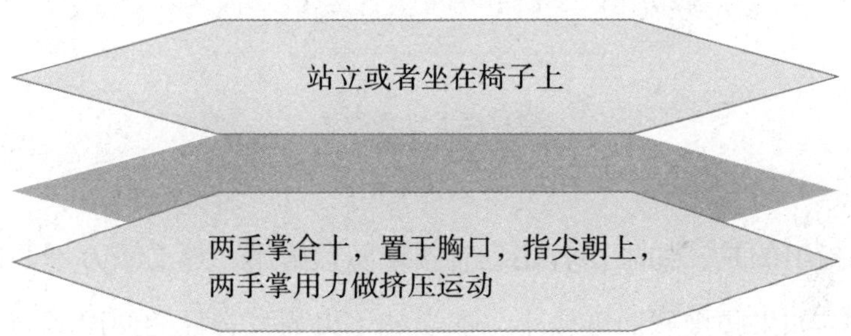

双手腕部拉伸的动作方法

为了强化手的力量，可以进行墙壁俯卧撑的训练。墙壁俯卧撑比正常的俯卧撑要简单得多，面对墙站立做俯卧撑即可，不会对手臂造成太大压力，特别适用于手的康复训练。

人体中轴区康复训练方法

这里重点说一说脊柱、腰椎及颈部的康复训练方法。

◆ 脊柱、腰椎的康复训练

脊柱的康复重点是重建柔韧性和功能，所以可以以屈曲和伸展等活动为主要训练方法。

脊柱屈的活动特别适用于腰椎前凸或背伸肌拉伤等病症的康复。

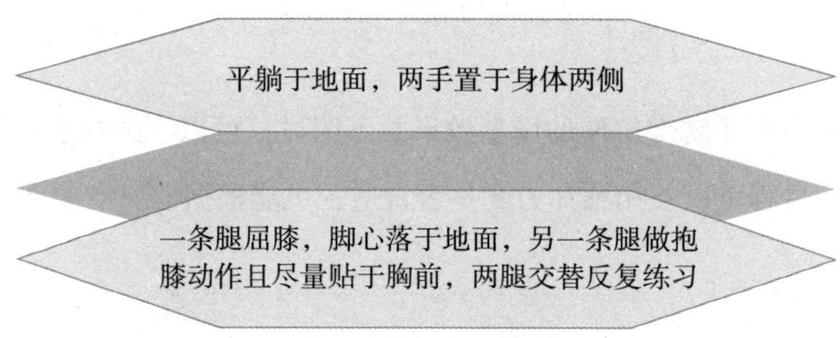

脊柱屈的动作方法

需要指出的是，如果伤者还患有腰椎间盘膨出，那么千万不要选择这种康复方式。如果腰椎屈曲度较小，那么就可以通过脊柱的伸展活动来进行康复训练。

俯卧，屈肘，两手自然合十，目视前上方

身体下半身绷直，两手伸直撑地，头部、脊椎尽力向上向后扬起

脊柱伸展的动作方法

◆ 颈部的康复训练

颈部拉伸对恢复颈部的灵活性有很好的功效。

颈部拉伸可以以两种方式进行，一种是独自完成的且不借助任何器械的拉伸，另一种是需要他人协助且利用阻力带进行的抗阻运动。

站或坐，后背挺直，右手绕头后摸左耳向右拉头

颈部肌肉稍紧张，头颈抗拒右倾。两边交替练习

颈部拉伸的动作方法

如果感觉简单的颈部拉伸效果并不明显，那么可以尝试由他人协助的阻力带训练。

坐在椅子上，双臂、双腿自然摆放

由他人手持阻力带置于伤者的头部（耳朵上方）

当阻力带开始朝不同方向进行牵拉时，伤者要朝相反的方向用力，以抵抗牵拉的力量

颈部抗阻的动作方法

需要指出的是，在进行颈部拉伸和抗阻运动时，注意力道要由小到大，遵循循序渐进的原则，避免造成更大的损伤。

下肢康复训练方法

◆ 重建本体感觉

重建本体感觉可以采用多向平衡板和单脚站立两种方式。

要注意的是，不管是哪种方式都不可急于求成，不要一开始就挑战最有难度的训练，而要逐步提高难度。

完成一些基础性的平衡感训练后，还可以进行其他一些动态平衡训练，如在保持平衡的状态下移动身体。

◆ 放松、抗阻训练

对于下肢肌肉力量的康复，这里重点说说脚踝和小腿的康复方法。如果是对踝关节进行康复，可以利用弹力带进行阻力训练。

如果暂时找不到帮忙者，也可以自行完成。伤者可以将弹力带系成环形并固定在地面、墙面、桌角、桌子边缘等钩子上，完成各种牵拉。

小腿的肌肉力量训练主要采用拉伸的方式。

拉伸时，注意不要一下用很大的力，避免造成二次伤害。

坐在稳固的桌面上，受伤的脚面悬空在桌子边缘

在同伴的帮助下拿一条弹力带，搭在脚上

同伴帮忙拉紧弹力带，并朝不同方位牵拉，伤者尽力抵抗对方的牵拉

踝关节阻力训练的动作方法

身体站直，面向一面墙，与墙保持一臂的距离

直臂抵墙面，伤肢脚踩在带有坡度的低矮踏板上（前高后低），另一条腿落于地面，微屈膝

头颈、背、臀、踏板上的腿尽量保持在一条直线上，受伤小腿开始做拉伸

小腿拉伸的动作方法

温馨提示

勿让康复训练造成久治不愈的陈旧损伤

康复训练是为了恢复受伤的身体，要把握住这个终极目标。在康复训练的过程中，应在坚持全面训练的基础上遵循循序渐进、运动量适宜的原则。康复动作一定要注意幅度、频率、持续时间及负荷的大小，做到逐步增加。否则，当前的康复训练很可能加重损伤或者影响损伤的愈合，甚至造成无法根治的损伤。

参考文献

[1] 尹承昊 . 力量训练解析 [M]. 济南：山东科学技术出版社，2019.

[2] [美] 吉姆 · 文德勒著；张意斐译 . 力量训练 5/3/1[M]. 北京 : 北京科学技术出版社，2020.

[3] [美] 瑞比托著；杨嘉辰译 . 力量训练基础：用 5 种杠铃动作极速发展身体实力 [M]. 北京：北京科学技术出版社，2016.

[4] [美] 洛林 · A. 卡特赖特，威廉 · A. 皮特尼著；郑尉译 . 运动防护指南：运动损伤的预防、评估与修复（第 3 版）[M]. 北京：人民邮电出版社，2019.

[5] 王晶 . 新形势下高校健美操中教与练的研究 [M]. 长春：吉林大学出版社，2018.

[6] [澳] 保罗 · 柯林斯（Paul Collins）著；朱禹水译 . 男性力量训练：体能、核心稳定性、爆发力训练指南 [M]. 北京：人民邮电出版社，2017.

[7] [美] 史蒂芬 · 卡布拉尔（Stephen Cabral）著；李明，王承诚译 . 男性肌肉与力量训练指南 [M]. 北京：人民邮电出版社，2019.

[8] 水纹路 . 每天 5 分钟在家力量训练入门 [M]. 沈阳：辽宁科学技术出版社，2020.

[9] [英] 格雷格 · 谢泼德（Greg Shcpard），金 · 戈斯（Kim Goss）著；林子

易，察旭明译 . 力量训练指南 : 基于举重与力量举训练经验的体能训练体系（第 3 版）[M]. 北京：人民邮电出版社，2020.

[10] 北京医师跑团 . 你真的会跑步吗 [M]. 北京：现代出版社，2018.

[11] 黄东海，刘强，吕鹏 .CST 循环力量训练 [M]. 长春：吉林大学出版社，2018.

[12] 戴剑松，郑家轩 . 无伤跑法 [M]. 北京：人民邮电出版社，2018.

[13] [美] 乔丹 · D. 梅茨尔（Jordan D. Metzl），克莱尔 · 科瓦里克（Claire Kowalchik）著；鄢峰，乐乐译 . 跑步损伤的预防和恢复 [M]. 北京：人民邮电出版社，2017.

[14] 张英波 . 现代体能训练方法 [M]. 北京：北京体育大学出版社，2006.

[15] 周维军 . 静力性拉伸的运用 [J]. 中国学校体育，1999（02）：28.

[16] 男人该怎么练胸肌：盘点男人练胸肌的好处 [EB/OL]. https://baijiahao.baidu.com/s?id=1556217058339443&wfr=spider&for=pc, 2017.1.11.

[17] 力量训练的强度、训练量和频率 [EB/OL]. http://www.jianshenbuji.com，2019.7.26.

[18] 家中练胸肌最好的方法有哪些 [EB/OL]. https://www.jirou.com/lian/xiongbu/yi/16314.html，2020.8.3.

[19] 无器械胸肌锻炼方法，练胸肌没理由 ![EB/OL]. https://www.jianshen8.com/jirou/xiongbu/8702.html，2014.11.25.

[20] 人鱼线养成攻略：2 个动作，2 点要求，1 个都不能落下 [EB/OL]. http://fitness.39.net/jfxmt/190301/6917854.html，2019.3.6.

[21] 18 个拉伸动作，拿去用吧！ [EB/OL]. http://www.keeprun.cn/dongzuo/20793.html，2019.4.9.

[22] 无器械上肢力量训练动作大全 [EB/OL]. https://www.jirou.com/lian/shangbi/13401.html，2019.7.8.

[23] 无器械上肢力量训练方法是怎么样的？ [EB/OL]. https://wenku.baidu.com/view/53b94b9fc9d376eeaeaad1f34693daef5ef713bf.html，2018.4.26.

[24] 一周肌肉训练计划表 [EB/OL]. https://www.jianshen8.com/jihua/biao/16760.html，2019.7.5.

[25] 新手去健身房怎么锻炼 [EB/OL]. https://www.cndzys.com/shenghuoyangsheng/changshi/1898997.html，2019.9.26.